L'ASTROLOGIE

EN ACTION !

ISBN: 978285090-775-3
ISSN 2681-3262

L'ASTROLOGIE

EN ACTION !

Éditions Bussière
34 rue Saint-Jacques
75005 Paris

À Aurore.

Notre fabuleuse rencontre
a fait naître ces pages.

LEÇON 1

Comprendre l'astrologie

La fausse image de l'astrologie

Souvent, lorsque nous évoquons l'astrologie, le premier réflexe la renvoie aux horoscopes ou à la prédiction. Le scepticisme, et parfois la moquerie, s'invite dans la plupart des réactions par rapport à ce domaine relégué alors au rang de divination. Quel est notre avenir amoureux ? Que nous réserve cette semaine ? Allons-nous réussir professionnellement ou gagner au loto ?

En général, l'astrologie est peu prise au sérieux, tel un amusement, une distraction diseuse de bonne aventure. Cependant, malgré l'incrédulité de certains, les doutes ou les critiques pour d'autres, il est intéressant de noter que tout le monde connaît son signe astral, que nous nous y référons régulièrement par le biais de remarques telles que « Je suis dans l'action, je fonce ! C'est normal, je suis Bélier », « Ha oui, je comprends mieux pourquoi tu n'aimes pas les conflits, tu es du signe de la Balance ». Ou en associant de façon quasi systématique le signe astrologique à la date de naissance quand celle-ci est annoncée, avec souvent un petit commentaire standard associé au signe.

Cependant, parfois, l'annonce du signe surprend lorsqu'il ne correspond pas au caractère de la personne. Et c'est ici justement toute la subtilité de l'astrologie.

L'astrologie indique qu'en réalité, nous sommes tous les signes astrologiques en même temps !

En effet, nous pouvons naître Bélier sans en ressentir les caractéristiques et découvrir à travers notre thème astral une forte présence d'éléments astrologiques en Capricorne. Nous ne dirons pas pour autant que nous sommes Capricorne, car nous ne pouvons en réalité nous définir sous un seul signe du zodiaque. Tout comme nous ne nous présentons pas sous un seul trait de caractère. Nous ne sommes pas uniquement colériques, distingués ou joviaux. C'est le mélange de nombreuses particularités qui crée notre personnalité.

Chacun de nous possède les potentialités de chacun des signes du zodiaque car, ensemble, ils constituent la globalité de notre thème astral de naissance, et donc de notre identité.

À quoi correspond notre signe astral ?

Le signe zodiacal, défini par la position du Soleil au moment précis de notre naissance, renseigne sur ce qui nous caractérise intérieurement, notre façon de penser, de concevoir, de percevoir, mais cela dans un secteur de notre vie en particulier.
À moins que le Soleil ne soit situé dans la maison astrologique I, relative à l'expression de la personnalité dans sa globalité.

En effet, un thème astral, carte d'identité astrologique de nos potentialités, présente les 12 signes astraux, relatifs aux constellations nommées par les astronomes. Sur le thème, ils sont disposés en cercle pour former la roue zodiacale, symbole de la représentation du ciel vu de la Terre prise dans sa globalité. Les astrologues ont découpé cette roue en 12 secteurs de vie, appelés également maisons astrologiques. Ils représentent les différents champs d'expérience de vie dans lesquels nous déployons notre énergie.

DE CE FAIT

Nous exprimons les caractéristiques de notre signe astrologique de naissance, ou signe solaire, seulement dans le secteur de vie où le Soleil se positionne sur notre carte du ciel de naissance.

L'astrologie ne se réduit donc pas à notre signe astral. C'est un amalgame entre l'attraction terrestre, le rayonnement solaire réfléchi par les planètes qui nous entourent, leur position dans les secteurs de vie, l'influence des différents signes du zodiaque. C'est ce « tout » qui qualifie nos particularités et nos potentiels.

Par la suite, chaque individu les modèle en fonction du milieu familial, éducationnel, social ou culturel dans lesquels il évolue, de son caractère génétique, de l'évolution de sa personnalité au cours de sa vie, de ses expériences, de son vécu.

Mieux se connaître pour mieux vivre

Le thème astral est un fabuleux outil de développement personnel. Il ouvre à la connaissance de soi, dégage au plus proche les potentiels spécifiques au bon déroulement des différents domaines de notre vie, met en lumière nos points forts, mais également les éventuels blocages ou freins que nous pourrions ressentir en nous ou dans notre vie. Il apporte des clés pour mieux se comprendre et orienter notre vie positivement en transformant les freins rencontrés pour accéder à notre nature profonde.

L'INTERPRÉTATION D'UN THÈME ASTRAL OFFRE

1. La possibilité de rééquilibrer notre personnalité, afin de vivre plus harmonieusement notre quotidien, nos relations, notre vie professionnelle.

2. La possibilité d'assimiler plus facilement les étapes de croissance qui nous sont proposées. Cela tout au long de notre existence lorsque nous en ressentons le besoin.

Alliée à la psychologie et à l'intuition, l'astrologie invite à libérer et exprimer pleinement notre force créatrice.

AVEC CETTE VISION DE L'ASTROLOGIE NOUS SOMMES DANS UNE DÉMARCHE DE DÉVELOPPEMENT DE SOI OÙ CHACUN EST LIBRE DE CHOISIR CE QU'IL SOUHAITE CULTIVER POUR SA PERSONNALITÉ ET LIBRE D'AGIR SUR SON EXISTENCE.

Une carte d'identité astrale

Le thème de naissance, carte du ciel au moment de notre naissance, présente la position de l'ascendant, des signes astrologiques, des secteurs de vie et des planètes du système solaire.
Pluton y conserve sa place bien qu'elle en ait été sortie en 2006, non pas du fait de sa position éloignée, mais de sa taille qui ne répond pas à certains critères définissant une planète. Elle est aujourd'hui rétrogradée au statut de planète naine pour les astronomes, néanmoins, elle conserve pour les astrologues toute sa puissance.

Le thème de naissance est propre à chacun.

Mais, qu'en est-il des personnes nées le même jour à la même heure dans le même hôpital, ou bien des jumeaux, triplés, quadruplés...?
En effet, certaines personnes disposent de la même carte du ciel et donc de potentiels identiques. Cependant, elles évoluent par la suite dans des environnements différents, à l'éducation et aux expériences de vie différentes. Les potentiels seront donc personnalisés.
Dans le cas de gémellité, le milieu familial et le milieu éducationnel sont certes identiques, néanmoins chacun développe des ressentis différents et ses propres perceptions face aux événements vécus.

Le signe astrologique VS l'ascendant

Nous attribuons généralement les traits de notre personnalité à notre signe astrologique. Contrairement aux idées reçues, il n'exprime ses particularités que dans le secteur de vie dans lequel il est positionné dans notre thème. À moins qu'il ne soit situé dans la première maison qui renseigne sur la façon dont nous exprimons notre personnalité vers l'extérieur.

!

Ne pas réduire notre personnalité simplement au signe astrologique de notre mois de naissance.

Car en réalité, notre signe peut manifester ses caractéristiques dans le domaine de la carrière professionnelle par exemple, dans notre façon de nous unir à l'autre ou bien dans notre aptitude à intégrer les nouvelles connaissances.
Ces 3 exemples de secteur de vie nous rappellent que nous ne déployons pas les mêmes potentiels pour tous les domaines.

Bien que nous connaissions pratiquement tous le nôtre, l'ascendant nous laisse perplexes quant à sa représentation, son utilité et son interprétation astrologique.

L'ASCENDANT

Il renseigne sur l'expression de notre corps à son état physique, son état le plus matériel, à la façon qu'il a de se mouvoir, les comportements corporels, mais également tout ce qui est lié au terrain de santé.

L'ascendant peut aider à comprendre les maux du corps souvent relatifs aux blocages de l'inconscient. Grâce à lui, il est possible d'identifier les déséquilibres entre nos ressentis intérieurs et les comportements extérieurs que nous n'exprimons pas comme souhaités.

Egalement, ses caractéristiques peuvent nous indiquer quelle partie du corps traduit une éventuelle faiblesse lors d'émotions non conscientisées.

LEÇON 2

Les secteurs de vie

Dans quels domaines de notre vie déployons-nous nos potentiels ?

Les 12 secteurs de vie, appelés également maisons astrologiques, sont répartis autour de la roue zodiacale. Ils présentent les domaines de notre vie dans lesquels nous déployons certains potentiels. Tout comme les planètes, leurs positions dans les signes varient en fonction du moment de la naissance.

Maison I – Elle renseigne sur l'expression de la personnalité, la façon de se présenter, les comportements immédiats physiques et verbaux.

Maison II – Cette maison correspond aux richesses intérieures, aux atouts nécessaires à la vie physique, mentale et affective, aux dons, talents, qualités qui englobent les capacités innées du corps physique et de la psyché, aux acquis familiaux et culturels que nous avons dès la naissance. Egalement ceux que nous recevons et structurons au fil de l'existence.

Maison III – Elle détient les acquisitions mentales intégrées lors de la petite enfance par le biais de l'entourage familial, éducatif, social, nécessaire à la communication et aux échanges, à la compréhension du monde et à la construction de la conscience. Ces acquisitions permettent l'adaptation aux environnements rencontrés tout au long de l'existence. Dans cette maison, nous percevons également la façon d'intégrer toute nouvelle connaissance au cours de notre vie.

Maison IV – Elle correspond au foyer, tant celui que nous construisons à l'âge adulte, que notre foyer intérieur, nos propres bases et valeurs personnelles. Nous attribuons aussi cette maison au domaine des actions qui couvrent la protection et installent les repères au sein du foyer. Elle est également relative aux émotions intérieures.

Maison V – Domaine de l'expression de la créativité personnelle (les enfants sont une de nos créations) contribuant à l'épanouissement personnel. Relative également aux passions personnelles, relationnelles et émotionnelles.

Maison VI – Cette maison se réfère à la façon de se soigner, de prendre soin des autres et de sa vie quotidienne.

Maison VII – Ce secteur de vie comprend la construction de l'union avec un être susceptible de nous encourager à développer nos qualités, que ce soit en couple ou en partenariat. Egalement notre façon d'être dans toute relation avec l'autre « en face de soi ».

Maison VIII – Elle correspond à l'autotransformation pouvant atteindre de profondes prises de conscience. Les potentiels intérieurs sont actualisés à travers cette maison et les introspections qu'elle propose.

Maison IX – Relative à l'intérêt pour les conceptions autres que celles que nous connaissons, la compréhension et l'acceptation de ce qui est abstrait sans forcément pouvoir l'expliquer. Cette maison touche l'expansion de la conscience au-delà de nos croyances habituelles.

Maison X – Maison des aspirations professionnelles. Elle indique la plus naturelle et la meilleure façon de s'intégrer dans un organisme collectif ou professionnel et d'y évoluer en exploitant tout le potentiel adéquat.

Maison XI – Elle représente la place que nous nous donnons dans un groupe, dans la société, au sein de notre réseau relationnel, amical, ainsi que les actions créatives et collectives menées sans recherche d'intérêt personnel.

Maison XII – Ce secteur de vie rassemble les forces pour saisir intellectuellement et émotionnellement notre réalité et synthétiser les expériences vécues. Nous abordons dans cette maison le lâcher-prise, la compréhension de qui nous sommes véritablement, l'acquisition de la sagesse et le cheminement vers la paix intérieure.

Au moment de notre naissance, les planètes et les signes astrologiques révèlent leurs caractéristiques en se positionnant dans ces secteurs de vie.

Nous observons un cheminement à partir de la maison I, notre naissance, qui nous sommes physiquement notamment, nos premiers acquis. Puis ceux intégrés lors de notre enfance et tout au long de notre existence.
Pour ensuite construire nos valeurs personnelles et exprimer notre créativité, puis accéder à la relation à l'autre, l'élévation de notre conscience et notre place dans le monde professionnel et collectif.
Jusqu'à terminer, en maison XII, par la synthèse et l'intégration de tous ces précédents champs d'expériences permettant de se recentrer sur soi et d'atteindre l'équilibre intérieur.

LEÇON 3

L'intuition: notre véritable alliée

Pour interpréter un thème astral, nous avons besoin de notre intuition. En effet, celle-ci prend en compte des informations captées au-delà des données astrologiques enseignées. Notre intuition réceptionne les émotions, les ressentis profonds, les certitudes que nous ne pouvons expliquer par le raisonnement et qui se dévoilent en associant la lecture du thème avec le vécu de la personne, ses questionnements, sa personnalité.

L'INTUITION

Suivre son intuition s'apparente à écouter cette sensation intérieure qui nous indique le chemin le plus adapté pour exprimer notre nature profonde, celle délestée de l'ego ainsi que du référentiel de pensées, conditionné par le mental.

Pour reconnaître cette sensation

1. Relions-nous aux informations subtiles envoyées par nos émotions. Lorsque celles-ci nous procurent une certitude profonde et un bien-être de l'esprit et du corps, nous sommes en présence de notre intuition qui nous guide.

2. Ce bien-être profond apporte des sentiments de joie et d'évidence. Il apparaît juste avant que notre mental enclenche les raisonnements, les doutes, les conditionnements ou les a priori.

3. Entrer en contact avec cette sensation dès son apparition, la capter, puis la maintenir, permet de poursuivre l'interprétation d'un thème astral avec toute notre intuition.

4 Les indicateurs de sa présence se veulent subtils, cependant, leur faire confiance invite à nous faire confiance et donc à explorer de nouvelles facettes de nous-même.

LAISSONS NOTRE INTUITION NOUS GUIDER
LORS DE CHAQUE INTERPRÉTATION DE THÈME.
FAISONS-LUI CONFIANCE, FAISONS-NOUS CONFIANCE.

EXERCICE POUR DÉCOUVRIR L'INTUITION

- Accordons-nous un temps calme pendant lequel, assis ou allongés, nous allons prendre contact avec les sensations que procure l'intuition.

- Le corps détendu, les yeux fermés, l'esprit momentanément libéré, focalisons notre pensée sur une décision à prendre. Nous commencerons par quelque chose de simple qui n'implique que notre personne.
Par exemple : un temps libre s'annonce pour notre matinée et plusieurs activités s'offrent à nous. Concentrons-nous sur une de ces activités et observons la sensation que sa pensée suscite.

- Cette sensation est subtile. Elle n'est pas facilement descriptible avec des mots du fait qu'elle touche un ressenti profond. Nous pouvons toutefois savoir, à travers cette sensation, si cette activité nous inspire de l'envie ou de la réticence.

À SAVOIR

Ce ressenti est souvent accompagné d'une sensation corporelle perceptible au niveau du ventre. Il révèle la nature du sentiment. Une sensation agréable dévoile que l'intuition nous oriente vers un choix en accord avec notre nature profonde.

- Cette sensation subtile est également furtive. Nous devons donc être attentifs à son apparition qui survient simultanément à la pensée. Elle se manifeste pendant quelques petites secondes seulement avant que le mental s'empare de cette sensation pour l'analyser, la juger, la raisonner.

- Nous retenons uniquement le premier sentiment apparu au moment où la pensée a été formulée. Ainsi, nous sommes en présence du choix le plus approprié à la situation par rapport à nous-même et non en fonction de ce que l'on nous dit de penser ou de faire.

- Cet exercice est à recommencer régulièrement afin de bien intégrer la reconnaissance de cette première sensation et l'apprentissage de son ancrage.

L'intuition et l'astrologie

Lors du montage d'un thème astral, certains signes ou planètes nous transmettent une première impression, attirent notre attention. Laissons-nous guider par ces ressentis qui animent la lecture du thème.
Comme avec l'exercice précédemment proposé, notre attention se fixe sur le tout premier ressenti à retenir et ancrer. En effet, certains éléments du thème nous paraissent intuitivement plus importants que d'autres lorsque nous pensons à la personne « étudiée ». Alors, plutôt que d'interpréter méthodiquement chaque élément un par un, intéressons-nous, en premier lieu, à ceux qui éveillent une sensation, possiblement inexpliquée, mais dévoilant une concordance avec le natif du thème : une sensation de bonne exploitation de ses potentiels ou au contraire, la compréhension de capacités bloquées dans un domaine de vie en particulier.

LEÇON 4

Monter un thème astral

Monter un thème astral soi-même est une excellente façon d'en comprendre le fonctionnement et de se connecter à nos ressentis. En effet, à mesure que nous posons les éléments sur la roue zodiacale, nous faisons connaissance avec eux et entrons en contact progressivement avec les informations qu'ils nous transmettent.

Matériel

1. Date, heure et lieu de naissance
   L'exactitude de l'heure de naissance est importante, car à quelques minutes près, certaines coordonnées de planètes changent pour se positionner dans un signe ou un secteur de vie différent, révélant alors une autre interprétation. Les planètes bougent mais la Terre tourne également sur elle-même, ce qui explique qu'à chaque instant la position d'une planète par rapport à notre situation sur la Terre se voit changeante.
   En cas de doute, l'acte de naissance fournit l'heure de naissance.

2. Une règle et des crayons de couleur ou feutres fins
   Un thème en couleur dégage une belle énergie et se voit plus agréable à interpréter qu'un thème en noir et blanc.

3. Une roue zodiacale
   La roue zodiacale présente les 12 signes astrologiques. Chacun des signes correspond à un segment de 30 degrés.
   Plusieurs exemplaires vierges en fin d'ouvrage.

La lecture des degrés de la roue se fait dans le sens inverse des aiguilles d'une montre.

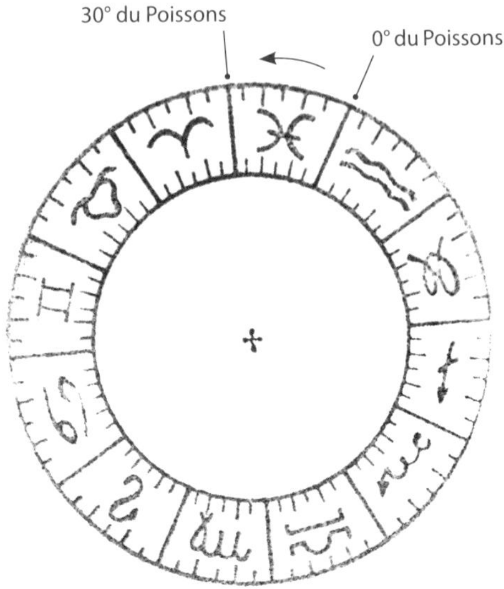

(4) Les coordonnées des planètes et des secteurs de vie

Elles sont déterminées à partir des informations de naissance. De nombreux sites internet proposent gratuitement ces coordonnées.

Explication de ces coordonnées à la leçon 5.

!

Ces coordonnées s'accompagnent presque toujours de l'interprétation du thème générée automatiquement par des données informatiques. Cette interprétation ne propose donc pas de vision personnalisée et ne prend pas en compte notre vécu.
Il est donc déconseillé de la lire pour se concentrer sur une interprétation ajustée à notre identité et nos ressentis.

Les symboles graphiques

Les 12 signes astrologiques

♈	**Bélier**	♎	**Balance**
♉	**Taureau**	♏	**Scorpion**
♊	**Gémeaux**	♐	**Sagittaire**
♋	**Cancer**	♑	**Capricorne**
♌	**Lion**	♒	**Verseau**
♍	**Vierge**	♓	**Poissons**

Les 10 planètes

☉	**Soleil**
☽	**Lune**
☿	**Mercure**
♀	**Vénus**
♂	**Mars**

♃	**Jupiter**
♄	**Saturne**
♅	**Uranus**
♆	**Neptune**
♇	**Pluton**

Etapes de placement des premiers éléments

Les axes de l'ascendant et du milieu de ciel traversent entièrement la roue zodiacale en passant par son centre.
Ces axes forment la structure du thème astral et en facilitent la lecture globale.

Avant de placer les différents éléments sur la roue zodiacale, repérons le signe astrologique relatif à l'axe du milieu de ciel (MC) afin de le placer en haut de la roue. Ainsi, la lecture globale du thème se verra facilitée.

LE TABLEAU DE COORDONNÉES

Les coordonnées de la position des planètes, du milieu du ciel, de l'ascendant et des secteurs de vie sont généralement présentées sous forme de tableau.
Il indique à quel degré ils se situent dans le signe astral.
Coordonnées relatives à un exemple de thème astral. Ici, le Soleil se positionne à 29,3 degrés dans le signe du Poissons.

PLANÈTES	DEGRÉS	SIGNES
☉	29,3	♓
☽	0,1	♒
☿	10,2	♓
♀	13,5	♒
♂	14,2	♎
♃	9,6	♏
♄	20,2	♎
♅	4,3	♐
♆	27,0	♐
♇	26,2	♎
AS	28,1	♋
MC	5,1	♈

MAISONS	DEGRÉS	SIGNES
I	28,1	♋
II	15,1	♌
III	6,3	♍
IV	5,1	♎
V	13,3	♏
VI	24,4	♐
VII	28,1	♑
VIII	15,1	♒
IX	6,3	♓
X	5,1	♈
XI	13,3	♉
XII	24,4	♊

LE MILIEU DE CIEL

L'axe du milieu de ciel, symbolisé par les lettres **MC**, que nous pouvons tracer en bleu clair par exemple, marque le commencement du dixième secteur de vie, la maison X.

Cet axe illustre l'évolution de notre apprentissage lors de notre enfance vers l'exploitation de nos connaissances et qualités acquises dans le milieu professionnel et collectif. Il y incarne le passage de la dépendance à la réalisation par nos propres moyens.

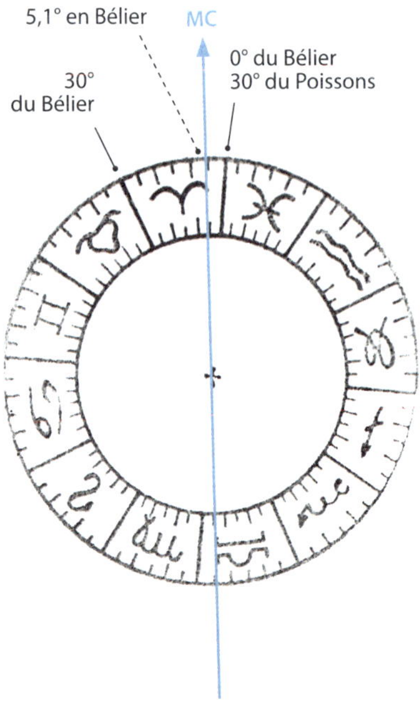

L'ASCENDANT

L'axe de l'ascendant, symbolisé par les lettres **AS**, que nous pouvons tracer en orange par exemple, marque le commencement du premier secteur de vie, la maison I. Il incarne notre venue au monde en tant que corps physique. *Signification de l'ascendant expliquée à la leçon 1.*

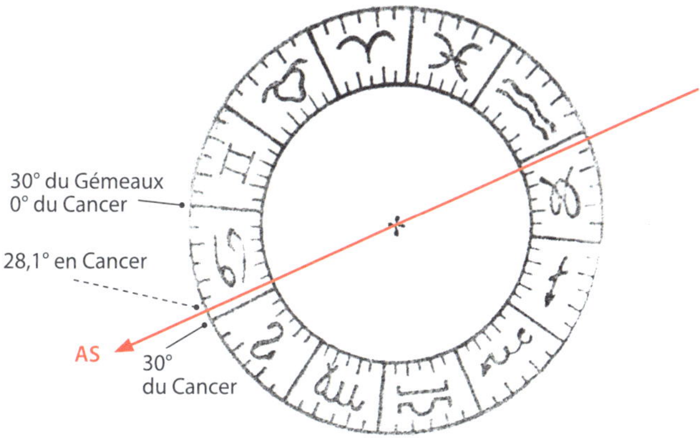

LES SECTEURS DE VIE

La maison astrologique I se place au niveau de l'ascendant. Nous disposons ensuite les autres segments relatifs aux secteurs de vie en suivant le sens inverse des aiguilles d'une montre.

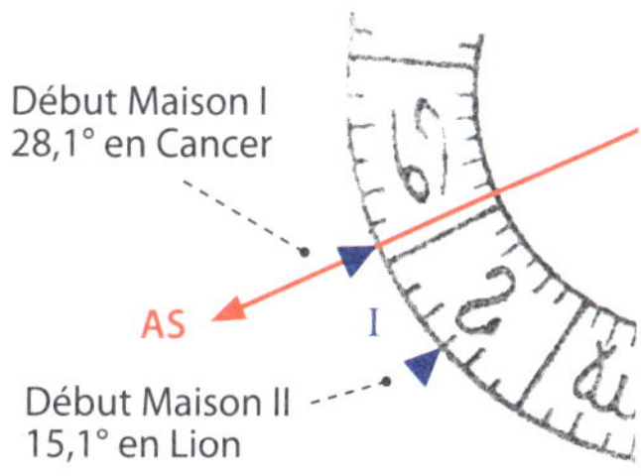

LEÇON 5

Que nous dit l'ascendant ?

Grâce à l'ascendant, nous pouvons comprendre l'expression de notre corps à son état le plus matériel, à la façon qu'il a de se mouvoir, de mener nos actions, d'agir et de réagir physiquement, les comportements corporels, mais également tout ce qui est lié au terrain de santé.

En faisant appel à notre intuition lors de la lecture des caractéristiques de l'ascendant, nous sélectionnons celles qui s'accordent à la personne.

HARMONIE OU DISHARMONIE ?

Suivant la façon d'utiliser nos aptitudes et d'aborder les événements de notre existence, nous exprimons les caractéristiques, offertes par les élements astrologiques, avec créativité ou avec difficulté et contrainte.

Les caractéristiques de l'ascendant en signe

♈ Ascendant **BÉLIER**

Harmonie – En Bélier, le corps a une combativité et un élan traduisant une force de vie qu'il insuffle également aux autres. Il déploie une intense énergie d'initiative et d'envie de vivre. Le corps physique inspire confiance et espoir. Il prévoit ses chances de réussite en identifiant les intérêts qu'il en retire pour son évolution physique, en cherchant des réponses immédiates et efficaces. Le corps fait preuve de créativité dans ses actions. Il est autonome, combatif, mais sociable. Il a besoin d'espace et de liberté pour donner le meilleur de lui-même. On le sent chaleureux et passionné. Il se projette dans la vie par son mouvement.

Inharmonie – Sans suffisamment de rigueur, le corps peut ravager son environnement, par des comportements égocentriques et des formes de violence. Les actions du corps sont compétitives, s'écartent d'une ouverture vers les autres et se centrent principalement sur lui-même. Une certaine impatience peut pousser le corps à abandonner son action si elle ne produit pas de résultats immédiats.

Santé du corps – Un mal-être profond non conscientisé peut se manifester par le biais du corps physique au niveau de la tête, des yeux, du cerveau.

♉ Ascendant **TAUREAU**

Harmonie – En Taureau, le corps physique va au bout de ce qu'il entreprend avec ténacité et persévérance tout en gardant calme et stabilité dans ses actions. Il mesure chaque effort physique. Son énergie est canalisée du fait qu'il évalue ses chances de réussite avant de se lancer. Son endurance et sa résistance lui permettent de supporter les contraintes rencontrées. Le corps physique vit au rythme des saisons avec patience et sensibilité aux influences qu'elles lui apportent. Il est tout de même attaché à son environnement confortable et sécurisant dans lequel il évolue avec productivité. Le corps accède ainsi à la réalisation concrète de ses actions.

Inharmonie – Lors de conditions difficiles, le corps physique peut tomber dans une forme d'inertie l'incitant à se soumettre et subir plutôt que d'entreprendre un changement ou envisager une perte éventuelle. En souffrance, le corps réagit par des comportements rancuniers, voire de révolte.

Santé du corps – Un mal-être profond non conscientisé peut se manifester par le biais du corps physique au niveau de la gorge, du cou, de la nuque, du larynx.

♊ Ascendant **GÉMEAUX**

Harmonie – En Gémeaux, le corps se connecte aux sentiments afin de libérer la générosité par le biais de comportements, d'actions et du mouvement. Le corps, en éveil, s'ouvre aux relations tant individuelles qu'en groupe. Il se rend accessible également pour découvrir, évoluer, changer, et intégrer physiquement les données qui lui parviennent. Le corps exprime la tolérance, pour les autres et pour lui-même. Il s'adapte physiquement aux situations avec conscience d'être et rapidité.

Inharmonie – Il peut y avoir tiraillement entre le désir de rester au stade actuel et celui d'évoluer, qui se traduit par un frein à l'épanouissement physique. Le corps montre, à travers ses attitudes, une difficulté à se stabiliser avec aisance lorsqu'il rencontre de nouvelles circonstances.

Santé du corps – Un mal-être profond non conscientisé peut se manifester par le biais du corps physique au niveau du système nerveux, des bras, des poumons.

♋ Ascendant **CANCER**

Harmonie – En Cancer, le corps déploie une douceur naturelle pour lui-même comme pour autrui. Il manifeste un souci de protection pour son entourage, mais également envers lui-même, car il souhaite garder une part d'indépendance émotionnelle dans ses actions. Le corps se sociabilise sans difficulté, car il ressent le besoin d'évoluer en groupe, tout en gardant une présence discrète. En général, les émotions passent plus facilement par l'action physique que par l'expression orale.

Inharmonie – Il y a besoin de solitude pour sentir le corps physique se recentrer. Sans ces moments de retrait, il peut se paralyser et émettre une forme d'indifférence émotionnelle aux autres ou manifester des sautes d'humeur.

Santé du corps – Un mal-être profond non conscientisé peut se manifester par le biais du corps physique au niveau de l'estomac, la digestion, tout ce qui est relatif aux liquides dans le corps, y compris le sang.

♌ Ascendant **LION**

Harmonie – En Lion, le corps rayonne naturellement et déploie dynamisme et générosité dans son ouverture aux autres. Son action crée et réalise avec passion tout ce qu'il souhaite et respire la responsabilité liée à ses accomplissements. Le corps dispense une énergie considérable dans les projets engagés et entraîne physiquement les autres, tel un leader. Le corps a conscience de son individualité dans la société et possède la juste assurance pour y évoluer. Il est avide de découvrir le monde et d'en explorer ses richesses.

Inharmonie – En forçant son rayonnement naturel, le corps physique cherche les honneurs, à exister par le paraître et manifeste une forme d'orgueil masquant un possible manque non conscientisé. Il peut se décourager dans une action entreprise s'il se sent physiquement seul à la réaliser.

Santé du corps – Un mal-être profond non conscientisé peut se manifester par le biais du corps physique au niveau des poumons, du coeur, de la moelle épinière.

♍ Ascendant **VIERGE**

Harmonie – En Vierge, le corps physique traduit une précision et une sûreté des choix d'action. Il se met facilement au service de l'utilité avec une grande intelligence, avec justesse, discrétion et efficacité. Les intentions corporelles sont pures et raisonnées. Pour progresser et augmenter ses capacités, le corps a besoin des autres. Il est présent dans tout travail d'équipe et sa collaboration physique aide au bon fonctionnement des projets, tant personnels que professionnels.

Inharmonie – Le raisonnement mental trop prononcé peut pousser le corps à une expression sèche de la personnalité. Les complexes physiques ressentis impliquent un manque de participation aux actions collectives. L'anxiété se traduit par des somatisations.

Santé du corps – Un mal-être profond non conscientisé peut se manifester par le biais du corps physique au niveau des intestins.

♎ Ascendant **BALANCE**

Harmonie – En Balance, le corps est équilibré. Il utilise ses sens et recherche l'harmonie et l'esthétique. Il est empreint de tolérance et partage toute action avec maturité et sagesse. Il prend position, quitte à courir le risque de déplaire, mais avec simplicité. Les comportements du corps physique diffusent douceur, souplesse et sensibilité. Il communique une forme de légèreté qui attire.

Inharmonie – Une énergie corporelle mal canalisée peut transformer la douceur physique en paresse, l'expression de la tolérance en laxisme, la recherche d'équilibre en opportunisme. Le corps peut entreprendre des actions manipulatrices lorsqu'il se sent pris dans une injustice.

Santé du corps – Un mal-être profond non conscientisé peut se manifester par le biais du corps physique au niveau des reins.

♏ Ascendant **SCORPION**

Harmonie – En Scorpion, le corps physique est endurant et sait s'adapter aux situations rencontrées. Les énergies des autres sont ressenties jusqu'au plus profond du corps physique. Les autres sont ainsi perçus dans leur globalité. Le corps ressent le besoin de se régénérer régulièrement afin de se sauver de possibles intoxications corporelles. Afin que le corps physique puisse évoluer librement, il a besoin que l'esprit ait reçu les vérités attendues. Il peut avoir besoin de perdre, renoncer, éliminer ce qui lui semble désuet, dans ses comportements par exemple, afin de renaître pour mieux vivre physiquement.

Inharmonie – Lorsque l'esprit et le corps ne sont pas en harmonie, le corps traduit physiquement une angoisse face à l'existence, appelle aux rapports de force face à autrui, « se pique et pique les autres ». Un manque de confiance en soi peut marquer le corps physique par le biais de dépendance, voire de dépression.

Santé du corps – Un mal-être profond non conscientisé peut se manifester par le biais du corps physique au niveau des organes génitaux.

♐ Ascendant **SAGITTAIRE**

Harmonie – En Sagittaire, le corps a de l'ampleur, il s'ouvre à toutes les découvertes. En lien avec son esprit, il exprime l'élan vers « le plus grand, plus loin ». Il s'intègre aisément dans un groupe avec lequel il partage et transmet ses aspirations par des expressions symbole de générosité et de simplicité. Le corps physique traduit une confiance absolue en la vie dont il profite comme un enfant. Par ses actions, il cherche à se dépasser, à apprendre, à s'ouvrir aux autres valeurs que les siennes. Le corps diffuse une chaleur affective et la bonne humeur. Il ne s'implique dans une situation que lorsqu'il en connaît les tenants et les aboutissants.

Inharmonie – Si les leçons de la vie sont mal comprises ou mal intégrées, le corps peut se sentir instable et exprimer une forme de pessimisme. Il peut également montrer un excès de confiance en soi par l'expression physique de la vanité, l'intolérance et la désinvolture.

Santé du corps – Un mal-être profond non conscientisé peut se manifester par le biais du corps physique au niveau du foie, de la vésicule, des cuisses.

♑ Ascendant **CAPRICORNE**

Harmonie – En Capricorne, la persévérance et la réalisation des ambitions sont visibles par le mouvement du corps. L'énergie physique est gérée avec intelligence afin de rentabiliser chaque effort. Le corps s'active avec sérieux et discrétion dans le respect des obligations et principes aussi bien sociétaux que personnels. Il garde une certaine maîtrise de soi qui engendre une forte combativité lorsqu'il est en pleine productivité.

Inharmonie – Trop de rigidité physique peut conduire à la maladresse et à la froideur dans les actions physiques. Une trop grande discrétion du corps amène une difficulté à se relier aux autres avec simplicité et affection.

Santé du corps – Un mal-être profond non conscientisé peut se manifester par le biais du corps physique au niveau de la structure osseuse, la dentition.

♒ Ascendant **VERSEAU**

Harmonie – En Verseau, le corps physique est autonome, mais dans une grande ouverture aux autres et à tout ce qui se présente à lui. Il soutient, conforte, encourage, tout en laissant la liberté d'action à chacun. Le corps physique est dans la créativité constante pour avancer, progresser, seul, mais aussi avec les autres. Par ses actions, il construit un monde à son image et cherche à le partager.

Inharmonie – En s'accordant trop de liberté, le corps physique peut se sentir instable et chercher sa place entre son individualité et les contraintes du quotidien. Ses comportements pressent la vie plus qu'ils ne la connaissent, répercutant une forme de tristesse incomprise, mais ressentie physiquement.

Santé du corps – Un mal-être profond non conscientisé peut se manifester par le biais du corps physique au niveau des chevilles et de la circulation sanguine dans les jambes.

♓ Ascendant **POISSONS**

Harmonie – En Poissons, le corps traduit sa sensibilité envers la vie et les autres par le dévouement, l'affection, et l'adaptation physique. Il capte les non-dits et s'active à dénouer les situations les plus complexes par le biais des ressentis corporels. Le corps est empreint de volonté et de courage, particulièrement pour comprendre les souffrances d'autrui. L'intégration physique est aisée dans le groupe grâce à l'empathie et la dimension d'amour qu'il dégage.

Inharmonie – Sans ouverture du corps aux ressentis et sentiments profonds, celui-ci peut rapidement être fatigable, voire dépressif. Le corps peut ressentir une dépendance physique à l'affection d'autrui s'entraînant vers une forte soumission. Il peut s'isoler et se replier sur lui-même en cas de grande souffrance émotionnelle.

Santé du corps – Un mal-être profond non conscientisé peut se manifester par le biais du corps physique au niveau des pieds.

L'INTERPRÉTATION D'UN ASCENDANT

Notre corps parle autant que notre voix. Il nous parle également à travers les maux physiques qui traduisent les mots de notre inconscient.

Grâce à notre ascendant, nous comprenons nos comportements corporels, ceux qui expriment pleinement notre personnalité, mais également ceux dont les réactions s'opposent à elle.

En effet, un déséquilibre entre notre corps et notre esprit peut se refléter dans notre façon d'entreprendre une action et nous affecter. La lecture des caractéristiques de l'ascendant invite notre intuition à ressentir les disharmonies que nous pouvons relever entre les attitudes et la façon de penser. Ainsi, avec cette mise en lumière, il nous est plus facile de les comprendre puis de les modifier.

Également, un trouble corporel récurrent peut nous indiquer un blocage inconscient. Les caractéristiques inharmoniques de l'ascendant peuvent nous orienter sur les habitudes physiques et de pensée à rétablir.

!

La récurrence d'une affection physique, ou sa présence insistante, peut également se relier à un autre signe astrologique si celui-ci se voit assigné de plusieurs planètes dont le potentiel est ressenti comme freiné.

LEÇON 6

Le rôle des planètes

Les planètes disposent chacune de caractéristiques spécifiques établies en fonction de leur composition naturelle et de leur position au sein du système solaire. Chaque planète capte le rayonnement du Soleil qui nous est, par la suite, renvoyé par réflexion. L'intensité de l'énergie diffère selon la position de la planète dans le ciel et de sa distance de la Terre au moment de notre naissance.
Les différents éléments naturels, composant chaque planète, sont chargés d'une énergie spécifique dont l'ensemble nous est transmis au même titre que toutes les vibrations naturelles que nous recevons sur Terre : l'air que nous respirons, l'influence des saisons, de la terre, de la mer, des végétaux...

Chaque planète exprime ses caractéristiques en fonction de sa position au milieu des constellations zodiacales du ciel ainsi que du secteur de vie dans lequel elle est située lors de notre naissance.

Lorsqu'une planète est positionnée dans son signe de référence, elle propose ses qualités avec plus d'aisance, car elle se sent chez elle, à domicile.
Une planète est attribuée au signe dont les caractéristiques résonnent avec les siennes.

PLANÈTE, QUEL EST TON RÔLE ?

La position d'une planète dans un signe astrologique indique le potentiel que nous détenons pour vivre les expériences relatives à chaque secteur de vie.
La position d'une planète en secteur de vie renseigne sur la direction que nous donnons à nos actions.

Tracer une planète

Pour poser une planète, nous plaçons la règle entre son degré dans le signe et le centre de la roue zodiacale. Le tracé prend son origine dans le signe du zodiaque puis s'installe comme en orbite autour de la roue, telles les planètes positionnées dans le ciel et observées depuis la Terre.
On appose ensuite le dessin de son symbole.

RAPPEL !

La lecture des degrés de la roue se fait dans le sens inverse des aiguilles d'une montre.

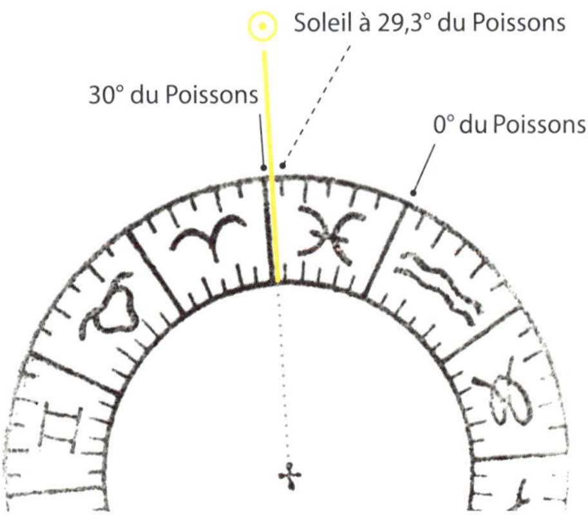

Les caractéristiques des planètes

LE SOLEIL

☉ **Symbole graphique**

En affinité avec le signe du LION

Bien qu'il soit une étoile, le Soleil est considéré comme une planète en astrologie du fait de son influence sur notre personnalité au même titre que les autres éléments du thème astral.

Le Soleil caractérise la personnalité, notre identité. Il nous apporte la capacité à s'affirmer, à s'estimer, à être. Le Soleil symbolise la vie, la lumière, la chaleur, mais également l'autorité. Il engendre la vie en portant toute action vers un idéal personnel. Toute notre potentialité se manifeste par notre identité et nos qualités. Nous sommes une lumière pour nous-même et pour les autres avec cette capacité à nous mettre à disposition, à éclairer, à briller, mais sans jamais imposer ou s'imposer.

Le Soleil en réception faible peut se ressentir par un manque de confiance en soi et produire plus d'orgueil et de révolte que d'actions porteuses d'élévation.

LA LUNE

☽ **Symbole graphique**

En affinité avec le signe du CANCER

La Lune renseigne sur l'expression de l'émotivité, le rapport avec l'imagination et la mémorisation. Elle indique la capacité d'adaptation aux changements, l'aptitude à gérer les défis de la vie quotidienne. Sous son influence, nous pouvons être prêts à faire les compromis nécessaires. Elle favorise les qualités de réceptivité et de douceur.

La Lune en réception faible peut se ressentir par un manque de réalisation concrète des aspirations et par des actions dépourvues de corps.

MERCURE

☿ **Symbole graphique**

En affinité avec les signes du GÉMEAUX et de la VIERGE

Mercure active tout ce qui a trait à l'intellect et la compréhension concrète du monde extérieur. Avec Mercure, il y a une facilité d'analyse, de raisonnement et d'adaptation, par ce biais, aux situations rencontrées. Elle dote d'une habileté intellectuelle, d'une aptitude à diriger la pensée, tel un agent de liaison, entre le conscient et l'inconscient, pour mettre en lumière les pensées, les idées, puis les comprendre et se relier au monde extérieur.

Mercure en réception faible peut se ressentir par un manque de réflexion pratique et ordonnée, et enfermer la pensée dans des raisonnements étriqués.

VÉNUS

♀ **Symbole graphique**

En affinité avec les signes du TAUREAU et de la BALANCE

Vénus insuffle la capacité à ressentir, concilier, unir lorsque cela touche aux sentiments et à tous les niveaux de l'amour. Elle conjugue naturellement les intérêts avec les ressentis. Elle dégage une force d'attraction facilitant les échanges et contacts, apportant l'aptitude à se lier et à réguler l'harmonie dans les relations. Vénus gère la valeur attribuée aux événements, aux autres et à soi-même. Elle se rattache à la sensibilité, le raffinement et l'esthétisme, et traduit la faculté de choisir ce qui se trouve le mieux adapté, à partir des sensations.

Vénus en réception faible peut se ressentir par une intériorisation des sentiments ainsi qu'une perte de générosité et de chaleur affective.

MARS

♂ **Symbole graphique**

En affinité avec le signe du BÉLIER

Mars attribue l'aptitude à décider, à combattre, à dynamiser, à vaincre. L'énergie transmise passe par l'action immédiate et incite à prendre des décisions tranchées. Avec Mars, il y a rapidité et efficacité dans ce qui est entrepris, cela s'appuie sur cette capacité à résoudre les situations rencontrées. Elle aide à projeter l'être vers l'avenir avec courage. Une impulsion fulgurante se dégage pour approfondir et élargir les champs de conscience.

Mars en réception faible peut se traduire par de l'agressivité et un certain égoïsme dans les actions entreprises.

JUPITER

♃ **Symbole graphique**

En affinité avec le signe du SAGITTAIRE

Jupiter transmet les qualités de croissance, d'expansion et de concrétisation des aspirations. Elle facilite les honneurs et les succès, la réussite sociale et l'épanouissement de soi. Elle détient l'aptitude à se porter vers l'avenir, à faire éclater le développement de soi en donnant accès au véritable accord avec soi-même. Elle donne la foi en ce qui est entrepris.
Les grands tournants de carrière sont favorables avec Jupiter tous les 12 ans.

Jupiter en réception faible peut se ressentir par de l'opportunisme et des prises de pouvoir surestimées.

SATURNE

♄ **Symbole graphique**

En affinité avec le signe du CAPRICORNE

Saturne amène à la concrétisation, la structuration et la construction. Il y a, avec Saturne, l'enracinement des choses avec discipline, rigueur et concentration. Les actions entreprises s'établissent en fonction de la personnalité et résistent dans le temps. Elle permet l'accès à la maturité profonde et transmet l'aptitude à s'élever par le biais de réalisations responsables. La pensée est ordonnée, logique et profonde, l'esprit résiste à l'effort et à la frustration. Saturne soutient le désir de se perfectionner sans cesse.

Saturne procède par cycles de 7 ans :
Tout est possible entre 0-7 ans, 28-35 ans, 56-63 ans.
Ce qu'on sème se déploie entre 7-14 ans, 35-42 ans, 63-70 ans.
L'accomplissement des promesses se réalise entre 14-21 ans, 42-49 ans, 70-77 ans.
Les éléments devenus désuets se dissipent entre 21-28 ans, 49-56 ans, 77-84 ans.

Saturne en réception faible peut se traduire par un comportement froid et une tendance à imposer aux autres sa propre discipline.

URANUS

♅ **Symbole graphique**

En affinité avec le signe du VERSEAU

Uranus cherche les idées neuves, la connaissance, le savoir, le progrès. Elle donne accès à l'universalité. Elle diffuse une intelligence créative qui stimule, invente, innove et libère. Avec Uranus, les prises de conscience ouvrent à la liberté individuelle et le dépassement de soi. Elle transmet les capacités à devenir soi et à rompre avec les anciennes habitudes par le biais de la transformation et de la modernité.

Uranus en réception faible peut se ressentir par un raisonnement froid et définitif sans ouverture possible.

NEPTUNE

♆ **Symbole graphique**

En affinité avec le signe du POISSONS

Neptune révèle une intelligence intuitive et la capacité à pressentir, absorber et fusionner. Elle permet l'accès à la connaissance de soi et à la construction des idéaux. Avec Neptune, il y a cette aptitude empathique à se mettre à la place de l'autre pour le comprendre, mais également pour percevoir le monde avec son intuition. Elle conduit à l'amour qui transforme, qui revitalise et purifie l'être pour le faire grandir.

Neptune en réception faible peut se ressentir par de l'égocentrisme et un manque de maturité.

PLUTON

♇ **Symbole graphique**

En affinité avec le signe du SCORPION

Pluton synthétise le passé pour mieux se projeter dans l'avenir. Elle confère l'aptitude à chercher les bonnes choses dans les profondeurs de soi afin de se régénérer, se transformer, renaître. Les actions sont guidées pour être davantage des moyens que des buts, et pour produire des résultats efficaces. Il y a, avec Pluton, cette forte capacité à se recycler passant par la mort des habitudes, des ancrages, voire d'une partie de soi, pour accéder à la réalisation des aspirations profondes.

Pluton en réception faible peut se ressentir par la critique facile et la perturbation de l'équilibre intérieur.

LEÇON 7

Premières interprétations

Thème-exemple monté

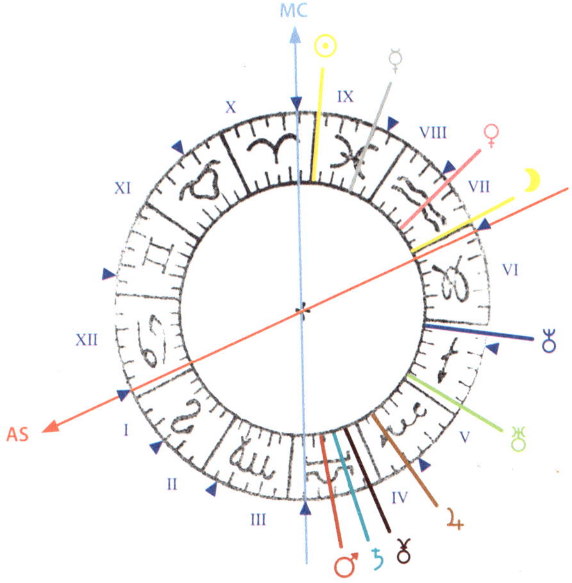

Nous pouvons dégager une première interprétation du profil de la personne en observant la répartition des planètes sur la roue zodiacale. Considérer le thème dans sa globalité apporte une première indication quant à la façon dont la personne utilise ses énergies et potentiels.

!

Pour cette lecture, l'axe du milieu de ciel doit être dirigé verticalement.

Formes des thèmes

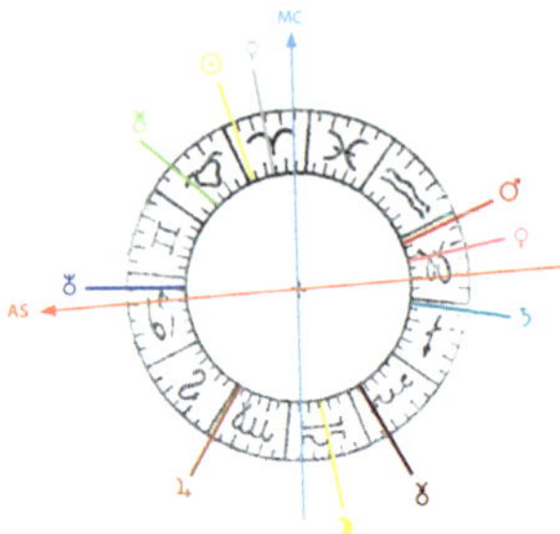

Thème équilibré – ou dit « en éclaboussure »

Les planètes sont réparties de façon équilibrée autour de la roue zodiacale. Les énergies planétaires circulent dans tous les secteurs de la vie de la personne et confèrent un potentiel important.
Cette configuration est assez rare. La personne peut se sentir tiraillée entre différents objectifs qu'elle pourrait poursuivre simultanément.

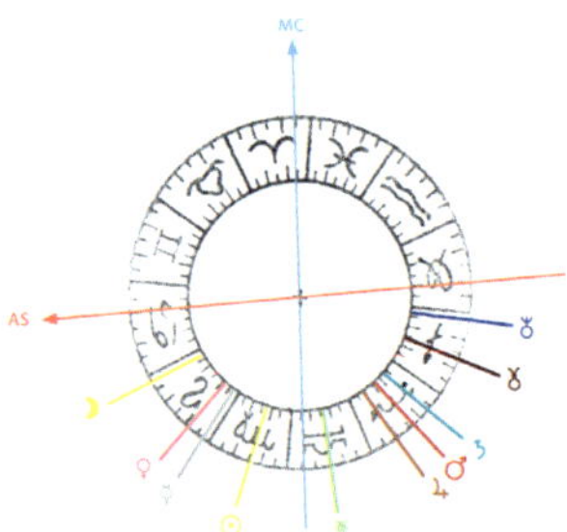

Thème tourné vers l'intérieur

Les planètes sont principalement situées sous l'axe de l'ascendant. La personne concentre ses énergies à la recherche de soi et pour ses aspirations personnelles.

THÈME TOURNÉ VERS L'EXTÉRIEUR

Les planètes se situent au-dessus de l'axe de l'ascendant. La personne dirige ses potentiels vers le monde, son exploration et sa compréhension.

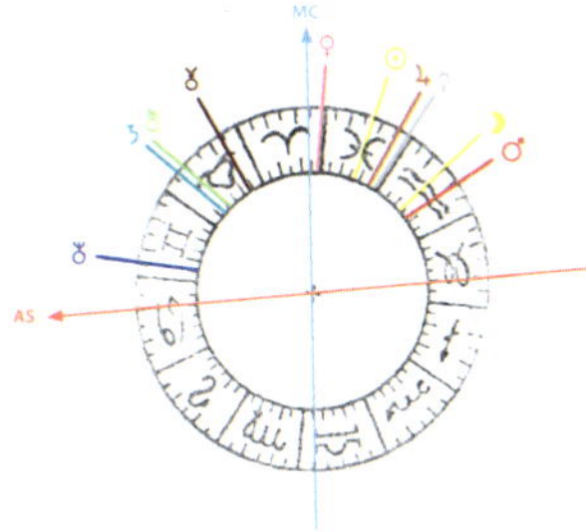

THÈME TOURNÉ VERS LA GAUCHE

La majorité des planètes se regroupent à gauche de l'axe du milieu de ciel. L'accès à l'individualité est important pour la personne. L'orientation des actions permet le développement de soi-même vers l'extérieur.

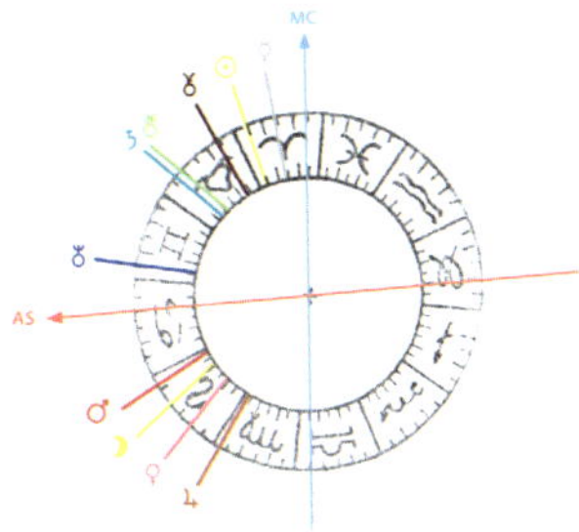

THÈME TOURNÉ VERS LA DROITE

Les planètes sont en grand nombre à droite de l'axe du milieu du ciel. L'accent est mis sur les relations, la relation à l'autre et avec soi-même. Les actions priorisent cette disposition.

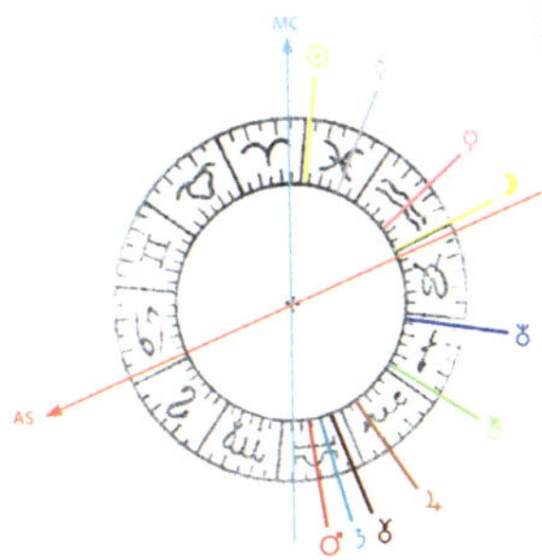

Les éléments

Une direction du type de tempérament se révèle à travers l'équilibre des forces naturelles présentes dans le thème.
En effet, ces forces relatives aux 4 éléments issus du milieu naturel, la terre, l'air, l'eau et le feu, nous transmettent des énergies nécessaires à la vie. Ils participent donc à la constitution de notre tempérament : l'esprit, les émotions, la conscience et l'inconscient. En fonction de l'équilibre de ces éléments dans le thème, nous pouvons comprendre nos forces et nos faiblesses de façon générale.

Le nombre d'éléments dans un thème se calcule selon le positionnement des planètes, de l'ascendant et du milieu de ciel dans les signes astrologiques, dont chacun d'eux correspond à un élément naturel.

L'élément Feu regroupe les signes
Bélier, Lion, Sagittaire

L'élément Terre regroupe les signes
Taureau, Vierge, Capricorne

L'élément Air regroupe les signes
Gémeaux, Balance, Verseau

L'élément Eau regroupe les signes
Cancer, Scorpion, Poissons

EXEMPLE DE CALCUL

Prenons comme exemple le tableau de coordonnées de la leçon 4.

PLANÈTES	SIGNES		ÉLÉMENT
☉	♓	Poissons	Eau
☽	♒	Verseau	Air
☿	♓	Poissons	Eau
♀	♒	Verseau	Air
♂	♎	Balance	Air
♃	♏	Scorpion	Eau
♄	♎	Balance	Air
♅	♐	Sagittaire	Feu
♆	♐	Sagittaire	Feu
♇	♎	Balance	Air
AS	♋	Cancer	Eau
MC	♈	Bélier	Feu

Pour ce thème, nous obtenons donc 3 éléments Feu, 0 élément Terre, 5 éléments Air et 4 éléments Eau.

Caractéristiques des éléments

FEU • Symbolisme : l'Action • Relié à : l'Âme et l'Intuition

Majorité d'éléments Feu Le tempérament est de nature active, courageuse, ardente, pleine d'élan et de vitalité. La générosité, l'enthousiasme et l'optimisme donnent une certaine assurance. Les sentiments sont exprimés positivement et avec chaleur. Il y a cette impulsion qui engage vers les conquêtes matérielles, morales et spirituelles.

Absence d'élément Feu Peut se traduire par un manque d'énergie et d'enthousiasme. L'initiative est freinée par un raisonnement cérébral et une forme d'inhibition au moment de l'action.

TERRE • Symbolisme : la Concrétisation • Relié à : la Matière et au Corps

Majorité d'éléments Terre – Le tempérament est de nature pratique, réaliste, fiable et organisée. Le bon sens et des valeurs établies aident à résoudre les situations avec analyse et productivité. Le travail se veut persévérant. Il y a le désir de stabilité et de conformisme assurant une forme de loyauté.

Absence d'élément Terre Peut se traduire par une tendance à négliger les circonstances matérielles et à croire que tout est dû. Il y a un manque de responsabilités dans les questions d'ordre pratique. Une forme d'entêtement refuse de bousculer le statu quo.

AIR • Symbolisme : la Communication • Relié à : l'Esprit et à l'Intellect

Majorité d'éléments Air Le tempérament est de nature intellectuelle. Les problèmes affectifs sont soumis à une analyse juste. Il y a un sens élevé de l'idéal et une recherche d'harmonie dans les relations. L'adaptation sociale est aisée et fluide avec le désir de l'extension de soi vers le collectif.

Absence d'élément Air – Peut se traduire par une incapacité à se lier, par manque de profondeur dans le rapport à l'autre. Les bouleversements peuvent être draconiens et entrepris avec une sévérité excessive. La tendance à la désorganisation et le manque de prévoyance gaspillent l'énergie.

EAU • Symbolisme : la Sensibilité • Relié à : l'Émotion

Majorité d'éléments Eau – Le tempérament est de nature sensible et réceptive aux impressions et événements. La puissance instinctive et le calme intérieur incitent à protéger les êtres et à les comprendre en profondeur. Il y a une forte propension à l'introspection.

Absence d'élément Eau – Peut se traduire par un tempérament froid et cynique, un manque de sympathie ou de sentiments envers les autres. Une trop grande sensibilité confère une certaine fragilité dans les relations.

INTERPRÉTATION DU THÈME

Le thème pris en exemple révèle un tempérament principalement orienté vers la communication et la recherche d'harmonie. La rationalité de l'analyse est assouplie grâce à la présence de l'intuition et de la réceptivité émotionnelle apportée par les éléments Eau.

LEÇON 8

Les signes de la roue zodiacale

RAPPEL !

Nous exprimons les caractéristiques de notre signe astrologique de naissance dans le secteur de vie où le Soleil se positionne sur notre carte du ciel de naissance.

BÉLIER

Symbolisme : la Conquête • Associé à : Mars • élément : Feu

Harmonie Le signe du Bélier possède une énergie intense et une envie de vivre qui nous insufflent, ainsi qu'aux autres, une force de vie. Il enseigne à se servir de l'impulsivité en la raisonnant, en calculant les chances de réussite et aide à identifier les intérêts avant de se lancer dans l'action. La volonté accordée incite à prendre des décisions à partir de réponses immédiates et créatives. Ce signe incite à être meneur et initiateur chaleureux, passionné, inspirant espoir et confiance. L'espace et la liberté d'action permettent de donner le meilleur de nous-même. Sous le signe du Bélier nous existons, nous sommes projetés dans la vie.

Inharmonie Si l'éducation n'a pas été suffisamment rigoureuse, cela peut ravager l'environnement, car l'ignorance et les entêtements faussent le jugement de valeur. Une certaine impatience peut pousser à abandonner les projets si les résultats ne sont pas immédiats. Une facette égocentrique rend peu attentif aux autres, peu sociable et très compétitif.

Ce qui rend meilleur Se mettre à la place des autres en cultivant l'empathie. Apprendre à prendre son temps.

TAUREAU

Symbolisme : l'Avoir • Associé à : Vénus • Élément : Terre

Harmonie Sous le signe du Taureau nous allons au bout de ce que nous faisons tout en restant attachés à nos idées et opinions. Le signe du Taureau insuffle ténacité, solidité, stabilité et persévérance tout en prenant le temps avant d'entreprendre un projet ou de se lancer dans l'action. Il aide à mesurer l'effort et à évaluer un talent à exploiter avant de passer à la concrétisation. L'endurance et la résistance hors du commun aident à supporter les contraintes. Le signe du Taureau aime la vie, la respecte sous toutes ses formes, et déploie patience et sensibilité en vivant au rythme des saisons. Il offre l'aptitude à stabiliser et conserver un environnement matériel, affectif et psychique qui nous est confortable. L'intelligence pratique, déployée par le signe du Taureau, fait de nous un excellent coéquipier et sait rendre une ambiance de travail agréable et productive. Il accompagne nos actions dans le calme et la discrétion pour accéder à des réalisations concrètes.

Inharmonie La souffrance émotionnelle incite à la révolte et à la rancune. Lorsque les conditions deviennent difficiles, une forme de soumission à toute chose, individu ou situation, place dans un état d'inertie et d'entêtement pouvant atteindre une passivité dépressive.

Ce qui le rend meilleur Apprendre à élargir les idées. Partager les ressentis plutôt que de les ruminer.

GÉMEAUX

Symbolisme : la Communication •
Associé à : Mercure • Élément : Air

Harmonie – Le signe du Gémeaux promet une intelligence toujours en éveil. La grande curiosité et la variété des relations confèrent une culture étendue. Dans la vie de groupe, nous sommes généreux, sympathiques et accessibles grâce à une communication empreinte de tolérance. L'esprit d'équipe rend le travail léger et ludique. La compréhension rapide et l'adaptabilité aisée permettent d'entrevoir une porte vers toute mobilité, toute évolution, tout changement.

Inharmonie – Une certaine dualité ressentie pénalise et angoisse. Nous pouvons nous sentir tiraillés entre le désir de rester au niveau actuel et celui d'évoluer. Nous ressentons tout et son contraire amenant l'égoïsme dans la vie intime. Éparpillement et essoufflement rapide du fait des deux faces de personnalité, une dévoilée et une cachée. Mais également par des compréhensions trop intellectuelles et sèches. Nous éprouvons alors de la difficulté à nous construire.

Ce qui le rend meilleur – Apprendre la rigueur en respectant les règles et les principes. Se laisser aller à la générosité en accédant aux sentiments.

CANCER

Symbolisme : la Protection • Associé à : Lune • Élément : Eau

Harmonie Le signe du Cancer recherche une sécurité aussi bien matérielle, psychologique, qu'affective. L'émotivité, la sensibilité et l'imagination incitent à oeuvrer en retrait pour favoriser les chances de réussite des aspirations. La globalité d'un problème est captée et traitée avec l'intuition et avec l'efficacité d'une intelligence fine. Sociabilisation aisée sous le signe du Cancer, mais nous gardons une certaine discrétion au sein des groupes. Ce signe développe un instinct familial qui appelle la protection du foyer et des enfants. Dans la vie professionnelle, l'ambition mène la carrière, mais sans se faire remarquer, avec concentration et travail régulier.

Inharmonie Nous pouvons devenir malheureux dans une ambiance qui ne nous correspond pas. Les émotions sont masquées derrière l'indifférence. En famille, le rôle parental peut être vécu comme une contrainte poussant à fuir émotionnellement. En société, la versatilité fait de nous un collaborateur peu fiable.

Ce qui le rend meilleur Apprendre à s'ouvrir aux autres et exorciser les émotions par l'action. Les moments de solitude sont essentiels pour se régénérer.

LION

Symbolisme : l'Amour • Associé à : Soleil • Élément : Feu

Harmonie Le signe du Lion rayonne avec générosité et assurance. Sa confiance en la vie place en position de leader, fort d'une intelligence du coeur. Un projet est mené à terme en déployant un travail considérable. La conscience de l'individualité appelle à savoir ce que nous voulons, à reconnaître que nous le voulons passionnément et que nous en assumerons toute responsabilité. Un sens affirmé pour la culture et l'esthétisme invite à découvrir l'ampleur du monde et de sa beauté. Le signe du Lion permet d'exister simplement, mais avec présence. L'amour et les sentiments prédominent dans l'existence. Les enfants en sont l'heureuse conséquence.

Inharmonie La recherche de la reconnaissance sociale peut mener à l'orgueil et au désir de passer toujours en premier. La concentration s'axe principalement sur le paraître afin d'attirer les flatteries et ainsi devenir le centre d'intérêt. Vouloir les honneurs transforme en carriériste laminant tout sur son passage avec susceptibilité et entêtement, car « comprend tout ou ne comprend rien ».

Ce qui le rend meilleur Dépasser l'échec et le découragement.

VIERGE

Symbolisme : le Discernement •
Associé à : Mercure • Élément : Terre

Harmonie Le signe de la Vierge possède une justesse de raisonnement déployant une intelligence cérébrale au service de l'utilité. Le concret est intellectualisé et forge un système de valeurs personnel et rationnel. Les choix sont précis et sûrs. En phase avec le monde du travail, nous savons faire reconnaître nos qualités avec discrétion et efficacité. Nous nous activons au bon fonctionnement d'une équipe et ne laissons pas les collaborateurs dans l'embarras. Le signe de la Vierge aide à puiser, au bon moment, la juste ressource dans les réserves constituées sur le plan matériel et intellectuel.

Inharmonie Une intelligence trop scientifique peut véhiculer un comportement sec et mesquin. La routine installée se transforme en principe, jusqu'à instaurer parfois des rituels névrotiques. Le côté instinctif est rejeté, car il rend anxieux. Lorsqu'il y a complexes, nous nous effaçons de la vie sociale jusqu'à nous faire oublier. La somatisation s'invite facilement.

Ce qui le rend meilleur Accepter l'anticonformisme en dépassant nos propres limites. Se connecter aux ressentis et aux autres pour progresser.

BALANCE

Symbolisme : l'Intérêt • Associé à : Vénus • Élément : Air

Harmonie Le signe de la Balance recherche l'équilibre, l'harmonie et l'esthétisme par l'utilisation des sens. Sa ligne de conduite est sans caprices, empreinte de douceur, de tolérance et de sagesse. L'intelligence du coeur n'empêche pas de prendre position, quitte à courir le risque de déplaire, mais sans marque d'opposition. Professionnellement, sous le signe de la Balance, nous avons un rôle de partenaire, d'allié, de conseiller voire de confident. La sensibilité et la maturité éloignent des conflits. Nous avons un sens profond de la justice.

Inharmonie Une énergie mal canalisée peut transformer la recherche d'équilibre en opportunisme et manipulation. Sans douceur naturelle, nous sombrons dans la paresse, la lascivité et l'intolérance. L'intelligence peut se trouver dépourvue d'amour, éloignant alors de l'harmonie recherchée initialement dans toute relation ou situation.

Ce qui le rend meilleur La rigueur et la discipline. La réduction des besoins superflus.

SCORPION

Symbolisme : la Résistance •
Associé à : Pluton • Élément : Eau

Harmonie – Le signe du Scorpion indique que nous savons ce que nous voulons, mais sans le dévoiler. En alliant l'endurance et la perspicacité à l'intelligence profonde et lucide, le signe du Scorpion invite à se confronter efficacement aux situations et problèmes rencontrés. Le côté instinctif, passionné et émotif permet de ressentir ce que les autres cachent. L'exploration des autres dimensions, dont la nôtre, engendre de profondes mutations. Nous cherchons ainsi à renaître pour mieux vivre en sauvant le mental de l'intoxication, en éliminant l'inutile et rejetant les schémas de vie inadaptés ou devenus désuets. Il y a régulièrement l'obligation de perdre, de renoncer ou de dissiper, afin de se transformer ou transformer l'existence.

Inharmonie – L'absence de confiance en soi peut mener à la paresse, la négativité, voire la dépression portée sur l'angoisse d'exister. Des comportements possessifs, jaloux, manipulateurs sont alors développés, conduisent à des formes de dépendance et aux rapports de force avec les autres. « On se pique et on pique les autres ».

Ce qui le rend meilleur – La confiance en nos semblables, l'humour partagé.

SAGITTAIRE

Symbolisme : l'Idéal • Associé à : Jupiter • Élément : Feu

Harmonie Le signe du Sagittaire offre l'aspiration à quelque chose de plus grand, relatif également à l'esprit. L'ouverture d'esprit qu'il dégage permet l'intégration aisée dans les groupes avec lesquels sont partagées les découvertes, avec simplicité, mais générosité. Il y a une grande importance pour les liens familiaux. Le signe du Sagittaire déploie une confiance en la vie dont nous profitons tel un enfant. Nous cherchons à nous dépasser en élargissant le champ de conscience aux systèmes de valeurs autres que le nôtre. Un solide sens de l'organisation et un esprit pratique s'allient aisément à la bonne humeur et la chaleur affective. Il y a besoin de connaître les tenants et les aboutissants d'une situation pour s'y impliquer. Cela fait de nous un précieux coéquipier porteur d'élévation de projet.

Inharmonie Les leçons mal comprises peuvent rendre les comportements de nature pessimiste et instable. L'excès de confiance, causé par la surestimation des capacités, manifeste alors vanité, désinvolture et intolérance. Une certaine naïveté invite à rêver pour régler les problèmes d'angoisse plutôt qu'à agir.

Ce qui le rend meilleur Une dose d'humilité. Le rapprochement avec le grand air naturel.

CAPRICORNE

Symbolisme : la Réalisation •
Associé à : Saturne • Élément : Terre

Harmonie Sous le signe du Capricorne nous concrétisons nos aspirations personnelles et professionnelles avec ambition et persévérance. Les engagements sont à long terme et la réussite durable. L'énergie est gérée avec une intelligence posée, et aide à rentabiliser chaque effort grâce à un esprit mature. Ce signe fait de nous un travailleur discret et sérieux respectant les obligations et les principes que nous recevons ou que nous nous donnons. La rigueur, la droiture et le contrôle de soi font de nous un collaborateur efficace et talentueux. Les données d'une situation sont contrôlées avec une intelligence analytique et scientifique. Les sommets sont atteints en prenant le temps nécessaire, mais une fois en pleine production rien ne peut arrêter l'ascension. La maturité sied bien. La réalisation de soi est perçue après 40 ans. « Naître vieux et rajeunir en vieillissant ».

Inharmonie Du fait de la maturité précoce, une difficulté à vivre dans la jeunesse peut développer froideur, distance et exigence. Cela confère une certaine rudesse parfois maladroite dans la vie de groupe et une discrétion trop prononcée, faisant de nous un être peu liant.

Ce qui le rend meilleur Les arts en général. Oser se mettre en avant en libérant l'enfant qui est en nous.

VERSEAU

Symbolisme : la Liberté • Associé à : Uranus • Élément : Air

Harmonie Le signe du Verseau rend autonome dans la façon de penser et d'être. Il développe un intérêt prononcé pour les idées nouvelles. Ce qui amène à une ouverture aux autres, une extension aisée de soi vers le collectif. Ce signe confère l'indépendance, tout en offrant un lien social puissant, car il attire les relations grâce à une énergie séduisante et spirituelle. Le sens du partage incite à distiller conseils, encouragements, réconfort, tout en laissant la liberté à chacun, comme à nous-même, de se développer. Le signe du Verseau dote d'une grande curiosité, ouverte à tous les domaines de la vie, qui active la créativité toujours présente. Il aide à avancer, à progresser, avec ingéniosité et intuition. L'énergie mentale est intense.

Inharmonie Une certaine instabilité peut mener à des formes de libertinage, de caprices et tristesses injustifiées. Nous cherchons notre place en pressant la vie plus que nous la connaissons, développant une part d'égoïsme en souhaitant reconstruire le monde à notre image.

Ce qui le rend meilleur Donner de notre personne en passant à l'action avec le corps, les mains, et moins sous le contrôle de l'esprit. Accepter de savourer les joies de la vie sans chercher à les expliquer.

POISSONS

Symbolisme : l'Intégration • Associé à : Neptune • Élément : Eau

Harmonie Le signe du Poissons pourvoit d'une capacité à réunir les ressources intellectuelles, matérielles et physiques dont nous disposons pour en faire une véritable force. Une grande sensibilité amène à se dévouer pour l'autre. Sous le signe du Poissons, nous entendons la souffrance d'autrui grâce à cette capacité à entendre les non-dits, à comprendre au-delà des mots. La force intérieure se déploie lorsque les sentiments sont exprimés et que toutes les formes de dépendance qui pourraient enfermer sont repoussées. La volonté, le courage et la faculté d'adaptation entraînent à déplacer des montagnes. L'empathie facilite l'intégration au sein des groupes. L'intelligence allie l'intuition et les ressentis. Sous ce signe, nous avons la sensation d'être reliés au monde et prenons conscience de notre existence au sein de l'Univers.

Inharmonie Certaines tendances inharmoniques peuvent se manifester par un côté dépressif, une tendance à l'isolement ou au repli sur soi, lorsque nous nous sentons en marge de la société ou prisonnier de nos principes. Nous pouvons devenir influençables quand, par manque profond, nous nous abandonnons à des formes de dépendance voire de soumission à autrui, à toute chose ou situation. Une sensibilité excessive amène à une forte vulnérabilité, à une sensation d'être dans le flou, à un manque d'ouverture aux autres et à soi-même. La révélation des imperfections est insupportable.

Ce qui le rend meilleur – Un peu de futilité dans la vie, l'humour, la vie en musique, l'expression artistique apportant la libération de l'être intérieur.

Interprétation du signe solaire du thème-exemple

À partir des caractéristiques du signe du Poissons, de la planète Soleil et de la maison IX, nous composons une interprétation appuyée par notre intuition. Cette dernière est guidée par nos ressentis lors de la lecture des potentiels, comparée à la personne dont nous étudions le thème.

Le Soleil en Poissons déploie, pour la personne de ce thème, une sensibilité qui lui octroie une grande capacité d'écoute, de compréhension et de don de soi par la compassion. Comme spécifié dans la leçon 1, le signe solaire exerce ses qualités dans un secteur de vie précis. Dans le thème pris en exemple, la personnalité de la personne rayonne toutes ses qualités dans la maison IX, relative à l'expansion de sa conscience plus loin que ses conceptions habituelles et à la vaste compréhension du monde notamment au-delà de la création matérielle.

La personne détient une grande sensibilité pour ressentir, écouter et donc comprendre au-delà des mots, au-delà du monde concret. Grâce à cette faculté, elle ouvre aisément sa conscience à toute nouvelle découverte aidant à porter ses actions vers l'idéal de vie auquel elle aspire. Pour parfaire chacune de ses créations élévatrices, la personne traduit les aspirations de l'esprit par le biais de son corps. Ainsi, elle s'accomplit avec une intelligence qui allie sa forte intuition, ses ressentis physiques et la sensation d'être reliée au monde, voire à l'Univers.

Cependant, mal éclairée sur les nouvelles conceptions qui s'offrent à elle, la personne s'éparpille au milieu de théories trop vastes et intellectualisées qui la coupent de ses ressentis corporels intuitifs. Elle se contredit, du fait de principes vagues et utopistes, ce qui l'amène à des formes de révolte par manque de confiance en elle et en ses nouvelles pensées. Elle se sent en marge de la société. Sentiment qu'elle traduit par une tendance à l'isolement et au repli sur soi.

LEÇON 9

La grande interprétation

L'intuition et l'échange pour parfaire une étude

Lors de l'interprétation d'un thème, notre intuition guide le choix des caractéristiques appropriées à la personne, en fonction de ses forces, mais également par rapport aux difficultés qu'elle rencontre. Échanger avec elle invite à découvrir où elle se situe dans son développement, sur son chemin de vie et comment elle vit son existence. Le thème astral propose des perspectives pour dénouer les freins rencontrés.

La subtilité des influences des signes et des planètes

En fonction du signe astrologique qui se trouve dans un des domaines de notre vie, le potentiel ne sera pas exprimé de la même façon que sous l'influence d'un autre signe.

AIDE

Une base d'expression des caractéristiques des signes en maisons astrologiques est proposée dans cette leçon à partir de la page 84.

De même, une planète apportera une influence différente qu'une autre planète pour la même position.
Pour comprendre la subtilité des influences planétaires, comparons celles transmises par deux planètes dans un même signe et un même secteur de vie.
Cette comparaison évalue uniquement l'aspect harmonieux des caractéristiques.

Exemple : comparaison de planètes

Pour cet exemple, nous installons Uranus et Vénus dans le signe du Bélier situé en maison XI. Dans un premier temps, nous répertorions les principales caractéristiques, dites « en harmonie », de chaque élément pour ensuite établir une interprétation.

!

L'interprétation proposée est établie à partir des caractéristiques générales. Lors d'une interprétation personnalisée, nous adaptons les données et l'interprétation en fonction du vécu de la personne.

Maison XI	• Actions créatives collectives • Place que nous nous donnons dans un groupe
Bélier	• Énergie intense • Envie de vivre • Identification rapide des intérêts avant de mener une action • Impulsion forte mais maîtrisée • Grande volonté • Initiatives immédiates, confiantes et créatives • Besoin d'espace pour libérer le meilleur de soi

Uranus	• Connaissances • Idées neuves et progrès • Intelligence créative qui stimule, innove, libère • Accès à l'universalité mais également liberté individuelle au sein de la société • Anciennes habitudes rompues par le biais de la transformation et la modernité
Vénus	• Les sentiments prennent naturellement part aux intérêts recherchés • Échanges et contacts harmonieux, attractifs et raffinés • Événements gérés avec une justesse basée sur la conciliation

Exemple 1 : Uranus en Bélier et Maison XI

La personne inspire confiance et force de vie qu'elle communique aisément, par son ardeur chaleureuse, dans tout projet collectif, ou dans ses relations amicales. Elle fait preuve de créativité, de dynamisme et de combativité pour accéder aux objectifs sociétaux pour lesquels elle s'engage. La personne déploie une facilité à transformer, à renouveler, à créer avec originalité, rapidité de synthèse, une pensée vive et un entrain productif.

Modifions maintenant la planète de cet exemple pour comprendre que les objectifs du natif sont vécus de façon différente, pourtant dans le même secteur de vie et avec un même potentiel de base.

Exemple 2 : Vénus en Bélier et Maison XI

Grâce à son énergie dynamique et passionnée, la personne attire à elle les individus recherchant pour la collectivité les mêmes objectifs d'harmonisation. Elle partage, avec une grande générosité, ses valeurs du Beau et de l'Amour et les diffuse, spontanément et avec confiance, dans tout projet visant le mieux-être au sein de la société.

Avec ces deux exemples proposés, nous constatons que l'action s'opère dans le domaine du collectif, elle est dynamique et volontaire. Mais la façon d'agir diffère. Avec Uranus, le natif déploie sa créativité et sa capacité à moderniser. Sous Vénus, il utilise son capital à concilier et réguler.

Déroulement d'une interprétation

Après avoir relevé une première interprétation grâce à la leçon 7, nous dirigeons à présent l'attention vers les éléments du thème-exemple qui interpellent notre intuition.

L'interprétation suivante se base sur l'intuition de l'auteure. L'intuition étant propre à chacun, il est possible qu'elle axe l'attention sur d'autres parties du thème.

Thème-exemple de référence à la leçon 7 page 47.

Nous constatons que le secteur de vie IV présente une forte concentration de planètes, dont 3 dans le signe de la Balance. Nous comprenons alors que l'énergie est abondante pour la construction des valeurs personnelles et du foyer souhaité dans un environnement équilibré et serein.

Afin de déterminer les potentiels et les freins rencontrés, notons les caractéristiques des différents éléments :

Maison IV	• Construction du foyer à l'âge adulte • Construction des bases et valeurs personnelles • Actions relatives à la protection	
Balance	harmonie	inharmonie
	• Recherche l'équilibre, l'harmonie et l'esthétisme • Douceur, tolérance et sagesse • Intelligence du coeur • Prise de position mais sans opposition • Parteniare, allié, conseiller • Maturité qui éloigne des conflits • Sens profond de la justice	• Opportunisme • Manipulation • Indifférence • Paresse • Lascivité • Intolérance • Intelligence dépourvue d'amour

	harmonie	inharmonie
Mars	• Décision • Combativité • Rapidité d'action et de réflexion • Énergie intense • Efficacité • Résolution des contraintes • Projection de l'être vers l'avenir • Courage	• Agressivité • Égoïsme dans l'action • Compétition
Saturne	• Concrétisation • Construction et structuration • Ancrage • Discipline, rigueur et concentration • Résistance dans le temps • Maturité profonde • Réalisation responsable • Pensée ordonnée, logique et pronfonde • Résistance à l'effort et à la frustration	• Comportement froid • Tendance à imposer sa discipline • Exigence • Autorité

	harmonie	inharmonie
Pluton	• Synthèse du passé pour mieux se projeter vers l'avenir • Chercher les bonnes choses dans les profondeurs de soi • Renaissance • Transformation • Résultats efficaces • Mort des habitudes • Purification	• Critique facile • Équilibre intérieur perturbé • Dépression • Instinct refoulé • Révolte • Destruction • Maladie
Scorpion	• Endurance et résistance • Perspicacité • Intelligence profonde • Instinct • Passion et sensibilité • Ressentir ce que les autres cachent • Exploration autres dimensions • Renaissance pour mieux-vivre • Elimination des schémas inadaptés	• Absence de confiance • Paresse • Négativité • Angoisse d'exister • Comportements possessifs et jaloux • Manipulation • Rapports de force • Intoxication mentale

	harmonie	inharmonie
Jupiter	• Croissance • Expansion • Déploiement • Concrétisation des aspirations • Honneurs et succès • Réussite sociale • Épanouissement de soi • Aptitude à se porter vers l'avenir • Hauteur de vue	• Opportunisme • Pouvoir • Surestimation • Énergies dispersées • Compétences instables • Objectivité limitée • Morale ambigüe

À partir des données répertoriées précédemment, nous sélectionnons celles adaptées à la personne, son vécu, ses ressentis, les freins rencontrés :

1 VUE D'ENSEMBLE

La présence de Mars et Jupiter en maison IV octroie une croissance rapide et efficace des bases personnelles visant à façonner la personnalité souhaitée.
L'influence de Saturne permet d'ancrer ces bases et d'entretenir leur stabilité après que les énergies de Pluton les ai délesté des premiers ancrages pouvant contraindre la réalisation de l'environnement personnel.

② Plus précisément…

Sous l'influence de Pluton, une renaissance est demandée en rompant avec certaines traditions familiales et sociétales ou certaines habitudes, pour ainsi tendre vers un état d'être adapté à la personnalité profonde. Les ancrages déséquilibrants sont transformés avec l'intelligence du coeur, bon sens et sagesse grâce à l'attraction du signe de la Balance. Il accorde également la tolérance et la douceur aux comportements nécessaires à l'harmonie du foyer.

Les énergies saturniennes perfectionnent avec qualité et grande maturité les nouvelles valeurs personnelles nées sous Pluton, et les protègent des influences contradictoires qui pourraient perturber le juste équilibre entre le moi intérieur et son expression au sein de son foyer.

Le rayonnement de la planète Mars insuffle une énergie intense et une grande volonté pour mener les processus relatifs à ce secteur de vie, et dynamise également les actions élévatrices portées par les autres planètes de cette maison afin de réussir la projection de l'être intérieur vers l'extérieur et vers son avenir. L'empreinte de Mars permet de surmonter tout obstacle et pression exercée, générés par les différentes expériences, en les modérant rapidement et avec justesse.

Jupiter apporte, dans ce secteur de vie, la vitalité pour la construction des valeurs personnelles, ainsi que pour leur extension au-delà de l'identification sociale et éducationnelle, afin qu'elles signent le véritable accord avec soi. L'énergie de cette planète offre également une confiance en la vie qui facilite l'épanouissement au sein des foyers, intérieur et extérieur.

Le signe du Scorpion invite à fortifier en profondeur toutes les expansions de soi et transformer toutes celles inadaptées ou devenues désuètes.

Cependant, l'épanouissement est ralenti lorsqu'il y a crainte de déplaire. Les comportements de soumission au sein du foyer étouffent la véritable personnalité créant des frustrations et conflits intérieurs, pouvant attirer la dépression.
L'agressivité, l'opportunisme, la rivalité et la froideur teintent certaines des actions relatives à la construction des bases personnelles. Un épuisement, dû à ces conflits internes et avec l'environnement, entraîne un manque de combativité, de courage et de désir de croissance du moi intérieur. Le laisser-aller s'installe, fige les conceptions personnelles et restreint leur développement.

À SAVOIR

- **Les caractéristiques sont généralement vécues en harmonie et en dysharmonie. En effet, nous rencontrons certains des états relevant un alignement tandis que d'autres caractéristiques ne sont pas ressenties.**

- **De même par rapport aux données vécues en inharmonie, elles s'expriment souvent partiellement.**

- **Les deux opposés peuvent se manifester en même temps.**

③ ANALYSE PERSONNALISÉE

> **!**
> **Le dialogue avec la personne est essentiel pour développer une analyse personnalisée de son thème.**

Dans ce thème-exemple, la personne comprend à ce stade de son existence qu'elle a dépassé les pressions sociétales et éducationnelles en réussissant à se libérer des conceptions qui étouffaient, il y a quelques années encore, son moi intérieur. La difficulté à exister à partir de ses propres valeurs a été franchie grâce au désir puissant d'exprimer sa véritable nature et à cette capacité à purifier en profondeur les éléments ralentissant son développement.

Cependant, il lui est encore difficile d'accorder ses conceptions personnelles avec son environnement, notamment proche. En effet, ses comportements peinent à transmettre bienveillance et douceur. Elle ressent de surcroît un frein au plein épanouissement de son être intérieur au sein de son foyer extérieur.

④ COMPRÉHENSION DES FREINS

La dissonance entre les nouvelles bases personnelles et leur extériorisation provient du fait que les caractéristiques du signe de la Balance ne sont pas encore assimilées. En effet, il reste une crainte de déplaire en exprimant sa propre personnalité et ses valeurs possiblement éloignées des

conceptions éducationnelles. Ce conflit intérieur provoque une forte autorité envers l'entourage, dû à la présence de Mars, Jupiter et Saturne. Il y a un va-et-vient entre le désir de vivre ses valeurs personnellement forgées et la peur d'être contesté, voire désapprouvé.
L'ego propose alors régulièrement des attitudes défensives dans le but d'éviter les retours de désaccord par les autres contre ses nouvelles bases personnelles.

5 PERSPECTIVES DE TRANSFORMATION

L'agressivité des comportements provient d'un manque de confiance en soi. En effet, malgré l'alignement ressenti avec ses nouvelles conceptions personnelles, la personne du thème garde des doutes quant à leur crédibilité.

Pour stabiliser cette confiance en sa vision des choses, la personne doit se défaire de la crainte du jugement des autres, en particulier de son entourage éducationnel.
En axant son attention sur les ressentis de certitude, d'accord avec elle-même et de bien-être lorsqu'elle pense à ses conceptions personnelles, la personne adoucira naturellement ses comportements. Ils seront l'expression de la détente intérieure obtenue grâce à l'abandon de la recherche d'approbation extérieure.

L'ATOUT

Avec l'aide de notre intuition, des données astrologiques et du tempérament de la personne, nous pouvons trouver les perspectives pour débloquer les freins qu'elle rencontre et ainsi lui offrir des clés pour lui ouvrir la voie de son développement personnel.

Planète en signe minoritaire

Certains secteurs de vie présentent 2 signes. Occasionnellement 3. Parfois, seuls quelques degrés d'un signe apparaissent dans le secteur de vie. Si ce signe est dénué de planète, son influence est moindre.
Par contre, si une planète séjourne dans ce signe minoritaire, elle offre alors une impulsion supplémentaire au signe majoritaire du secteur de vie.

SECTEUR DE VIE À 2 SIGNES

1 signe majoritaire
\+ **1 signe minoritaire sans planète**
= **priorité au signe majoritaire**

1 signe majoritaire
\+ **1 signe minoritaire avec planète**
= **atout supplémentaire pour le signe majoritaire**

Exemple 1 : Signe minoritaire sans planète

Maison X : **aspirations professionnelles**

Signe majoritaire : **Taureau**
Intelligence pratique, ambiance de travail agréable et productive, calme et discrétion, réalisations concrètes.

Signe minoritaire : **Bélier**
Dynamisme, indépendance, autonomie, enthousiasme, prises de décision efficaces.

Dans cet exemple, pour vivre sa situation professionnelle harmonieusement, la personne ressent le besoin de produire dans le calme pour maximiser la bonne concrétisation des projets professionnels. Au sein d'une équipe, sa présence est agréable et effective.
L'influence du signe du Bélier pourvoit d'élans dynamiques pour agir efficacement. Cependant, même si la personne détient cette énergie, l'influence n'est pas prédominante dans son caractère lorsque ce dernier s'active pour la vie professionnelle.

Exemple 2 : Signe minoritaire avec planète

Si nous apposons une planète au signe du Bélier de cet exemple, l'influence apparaîtra plus significativement dans les actions.

MAISON X : **ASPIRATIONS PROFESSIONNELLES**

SIGNE MAJORITAIRE : **TAUREAU**
Intelligence pratique, ambiance de travail agréable et productive, calme et discrétion, réalisations concrètes.

SIGNE MINORITAIRE : **BÉLIER**
Dynamisme, indépendance, autonomie, enthousiasme, prises de décision efficaces.

PLANÈTE EN SIGNE MINORITAIRE : **URANUS**
Idées neuves, modernisation, connaissances, créativité, stimulation, dépassement de soi.

Grâce à la présence de la planète dans le signe minoritaire, les caractéristiques de ce dernier accompagnent plus significativement celles du signe majoritaire.

Dans ce deuxième exemple, Uranus développe les caractéristiques du Signe du Bélier. La personne est pourvue d'une puissante créativité qui la dispose à entrevoir de nouvelles conceptions pour les projets professionnels. Elle ose les initiatives immédiates et originales. L'esprit est vif pour apporter des connaissances modernisant les projets d'équipe.

Apportées au signe du Taureau, les qualités d'Uranus en Bélier servent à une productivité dans le monde du travail qui se veut performante et signée d'originalité. En effet, la personne stimule chacun des projets dans lesquels elle s'investit grâce à l'enthousiasme menant chaque action et à son esprit pratique et initiatique. Elle conserve calme et prudence pour améliorer tout objectif et le porter à la concrétisation.

CONCLUSION

Il prédomine chez la personne un désir d'investir tous les projets professionnels avec sérieux, calme et productivité pour les mener à la réalisation.
Néanmoins, elle est dotée d'une créativité audacieuse qui modernise les concepts mais qu'elle affirme en toute discrétion dans son travail et au sein d'une équipe.

Nous comprenons ici que l'énergie Uranienne dans le signe du Bélier enrichie le signe du Taureau mais subtilement, sans s'imposer.

Support pour les interprétations

Afin de faciliter l'interprétation des signes en secteur de vie, voici une base de données présentant le déploiement des caractéristiques de chaque signe dans chaque maison astrologique.

À SAVOIR

- **L'énergie déployée par un secteur de vie est tout aussi intéressante avec ou sans planète.**
  En effet, le signe astrologique diffuse à lui seul de belles forces pour nous inviter à vivre le secteur de vie avec aisance.
- **La planète apporte des énergies supplémentaires et donc une approche différente.**

!

Les données suivantes ne sont pas à lire dans l'immédiat. Nous nous y référons uniquement lors du travail d'interprétation.

Ces données sont un premier support pour commencer l'interprétation. Elles s'adaptent en fonction de la personne dont nous étudions le thème.

MAISON I

RAPPEL !

Expression de la personnalité à travers la façon de se présenter, les comportements immédiats physiques et verbaux.

BÉLIER EN MAISON I

Harmonie – Notre personnalité inspire confiance et force de vie que nous transmettons aisément par l'ardeur de nos actions. Nous faisons preuve de créativité et de combativité pour accéder à nos objectifs dont nous exigeons des résultats rapides. Lorsque l'espace nous est suffisamment laissé, nous extériorisons le meilleur de nous-même.

Inharmonie – Un entêtement trop prononcé peut causer égocentrisme et ignorance. Son expression peut être virulente.

TAUREAU EN MAISON I

Harmonie – Notre personnalité dégage une puissante et solide volonté et force d'entreprendre, enrichies d'une sensibilité affective inspirant la fidélité. Nous canalisons naturellement notre énergie du fait de ce besoin de stabilité, d'harmonie, et de solides bases de vie.

Inharmonie – Une certaine passivité, ou un certain état de souffrance peuvent provoquer des états de dépression, de révolte et de malveillance envers autrui comme envers nous-même.

GÉMEAUX EN MAISON I

Harmonie – Notre personnalité déploie une expression empreinte de tolérance. Nous sommes curieux et tournés vers la découverte, des qualités qui nous rendent sympathiques et accessibles. Notre compréhension rapide de toute chose ou de toute situation nous permet de faire évoluer notre personnalité vers les changements adéquats.

Inharmonie – Nous pouvons ressentir des dualités dans l'expression de notre identité. Cela nous apporte une source d'angoisse et de freins à la mobilité de notre personnalité. Nous devenons alors instables et égoïstes.

CANCER EN MAISON I

Harmonie – Notre personnalité se veut sensible, tendre, imaginative. Nous nous servons de notre ambition intuitive pour traverser les mutations de notre personnalité, avec discrétion et concentration. Nous naissons, percevons, sentons.

Inharmonie – Notre émotivité peut être masquée derrière l'indifférence entraînant sautes d'humeur et vulnérabilité.

LION EN MAISON I

Harmonie – Notre personnalité fait rayonner naturellement une influence chaleureuse, affective et magnétique. Altruistes, nous protégeons par amour sans exercer d'autorité abusive. Nos initiatives, créatrices et enthousiastes, nous permettent l'épanouissement de notre personnalité et notre ouverture vers le monde.

Inharmonie – Un autoritarisme prononcé peut conduire à l'orgueil, à un sens moral détourné, à l'absence de générosité.

VIERGE EN MAISON I

Harmonie – Notre personnalité se met au service de l'utile avec une précision et une sûreté de raisonnement. Notre discrétion et notre efficacité marquent notre identité dans toute situation faisant appel à notre intelligence cérébrale.

Inharmonie – Le pragmatisme nous entraîne dans des principes conformistes conférant une personnalité assez sèche, voire mesquine.

BALANCE EN MAISON I

Harmonie – Notre personnalité arbore une douceur de comportement établissant tolérance et sagesse dans tous nos rapports aux autres, mais également à nous-même. Nous utilisons nos sens pour élever notre personnalité vers l'équilibre et l'harmonie. Nous savons rester en retrait des conflits.

Inharmonie – Une énergie mal canalisée transforme nos qualités en contradiction avec notre véritable identité.

SCORPION EN MAISON I

Harmonie – Par notre personnalité, nous cherchons à renaître ou faire renaître grâce à nos qualités d'instinct et de sensibilité. Notre endurance et notre perspicacité permettent notre efficacité face aux situations que nous rencontrons. Nous possédons une intelligence profonde pour transformer et recréer notre personnalité en fonction de nos nouvelles aptitudes.

Inharmonie – L'absence de confiance en soi nous rend possessif, angoissé et manipulateur.

SAGITTAIRE EN MAISON I

Harmonie – Notre personnalité transmet aisément ce que nous découvrons et apprenons, avec générosité et simplicité. Nous diffusons chaleur affective, bonne humeur et grande confiance en la vie.

Inharmonie – Une certaine naïveté provoque un manque de confiance en soi que nous masquons par de la vanité et de l'intolérance. Nous manifestons de la désinvolture avec une tendance à la fierté.

CAPRICORNE EN MAISON I

Harmonie – Grâce à notre personnalité, nous gérons notre énergie avec intelligence et rigueur. Notre maturité d'esprit prend appui sur l'ambition et la persévérance et élève notre être dans toutes nos réalisations. Le contrôle de soi nous rend talentueux tout en restant discret dans le succès.

Inharmonie – Un charme froid et distant fait de nous un être peu liant, rigide et maladroit dans nos comportements et nos rapports aux autres.

VERSEAU EN MAISON I

Harmonie – Par notre personnalité, nous sommes séduisants et spirituels. Nous attirons sans chercher le lien. Nous nous voulons autonomes et indépendants tout en cherchant l'extension de notre personnalité vers le collectif. Notre curiosité et notre ingéniosité nous permettent de progresser à tous les niveaux.

Inharmonie – La difficulté à trouver notre place dans les environnements rencontrés nous enferme dans des formes d'égoïsme, de caprice ou d'instabilité de l'humeur et de la personnalité.

POISSONS EN MAISON I

Harmonie – Notre personnalité dégage une forte sensibilité et empathie. Notre intuition très développée nous relie au monde et libère une véritable force intérieure nous invitant au dévouement et à la capacité de réceptionner le non-dit.

Inharmonie – Une sensibilité extrême entraîne notre personnalité vers une sorte de désintégration de notre personnalité, qui nous entretient dans des formes de soumission et de dépendance.

MAISON II

RAPPEL !

Richesses intérieures, atouts nécessaires à la vie physique, mentale et affective, dons et qualités innées du corps physique et de la psyché, acquis culturels et familiaux.

BÉLIER EN MAISON II

Harmonie – Tout au long de notre existence, nous orientons nos initiatives vers l'acquisition et le développement de toute nouvelle ressource augmentant notre capacité à être à travers l'action. Nous partageons aisément nos facultés pour aider les autres à concrétiser leurs aspirations.

Inharmonie – Dans notre conquête de l'autonomie, nous commettons des imprudences de gestion de nos ressources lorsque nous n'évaluons pas les conditions d'action avant de nous engager.

TAUREAU EN MAISON II

Harmonie – Notre ténacité et notre persévérance nous permettent de stabiliser sans pertes ce que nous possédons et acquerrons au cours de notre existence. Notre intelligence pratique nous aide à soupeser la richesse, mesurer l'effort, évaluer un talent. Nous supportons les contraintes grâce à notre endurance innée.

Inharmonie – Nous pouvons générer passivité et entêtement sans désir de faire évoluer un mode de vie et de pensée routinier. Ils sont poussés à l'exagération quand cela concerne les possessions matérielles, psychiques, affectives ou financières.

GÉMEAUX EN MAISON II

Harmonie – Nous faisons circuler aisément nos possessions innées, tant matérielles, intellectuelles qu'affectives. Nous les communiquons de façon adéquate à chaque individu et situation pour accompagner autrui, mais aussi nous-même, vers de nouvelles mobilités. Nous actualisons régulièrement nos ressources pour nous permettre de nous adapter au mieux en toute circonstance.

Inharmonie – Quelques formes d'insouciance nous entraînent à disperser nos potentiels sans réflexion préalable. Ou, a contrario, nous pouvons nous montrer égoïstes dans le partage de nos ressources.

CANCER EN MAISON II

Harmonie – Il y a facilité à utiliser nos possessions matérielles lorsque cela touche le cadre affectif. Nous sommes dotés d'une intelligence fine, de sensibilité et d'imagination fiabilisant nos chances de réussite au cours de notre existence. Notre intuition innée nous aide à capter la globalité d'une difficulté pour la traiter avec efficacité.

Inharmonie – L'attachement aux traditions culturelles et familiales complique les éventuels changements à opérer parmi nos ressources. Nous jugeons nécessaires ces renouvellements, mais ils déstabilisent ce qui nous sécurise.

LION EN MAISON II

Harmonie – Nos ressources matérielles, intellectuelles et plus particulièrement affectives sont utilisées avec générosité pour rendre féconde toute aspiration. Nous affirmons nos acquis avec largesse et modestie, et les accordons à tous ceux cherchant, comme nous, le développement de leur richesse intérieure.

Inharmonie – Vouloir faire reconnaître socialement nos acquis peut dévoiler, de notre part, suffisance et vanité, gênant la juste diffusion de nos biens et facultés. Nous les dépensons de façon ostentatoire.

VIERGE EN MAISON II

Harmonie – Nous dépensons nos ressources de façon équilibrée, nous basant sur la justesse de nos choix pour leur utilisation. Nos capacités innées reposent principalement sur du concret. Elles sont principalement relatives aux mondes matériel et intellectuel.

Inharmonie – Une rationalisation trop sèche peut développer une forme d'avarice dans le partage de nos possessions. Nous laissons peu vivre notre capital émotionnel.

BALANCE EN MAISON II

Harmonie – Nous investissons nos ressources dans tout ce qui est susceptible de faciliter notre équilibre tant extérieur à notre être, qu'intérieur. Notre bon sens et notre discernement accompagnent la dépense de nos potentiels de façon harmonieuse et sans superficialité.

Inharmonie – Le gaspillage de notre capital de potentialités passe par des états marqués de paresse et de tolérance excessives, également par des choix inadaptés à notre cheminement vers l'harmonie de vie.

SCORPION EN MAISON II

Harmonie – Nos ressources facilitent le développement fécond d'un mieux-être général. Dotés d'une vision profonde relative aux choses et aux êtres, nous utilisons nos potentiels innés en parfait accord avec notre personnalité, en les recréant lorsqu'ils deviennent obsolètes, sans gaspiller l'énergie puissante dont nous nous servons pour les utiliser à bon escient.

Inharmonie – Par manque de confiance, nous ne livrons pas nos ressources avant de connaître la réelle utilisation que nous devons en faire. Nous accumulons alors nos ressources intellectuelles, matérielles, mais aussi affectives jusqu'à parfois les cacher aux autres.

SAGITTAIRE EN MAISON II

Harmonie – Nous partageons avec ampleur et aisance toutes nos ressources innées et acquises, tant pour progresser au cours de notre existence qu'avec les autres. Nous associons toute la mobilité nécessaire de nos facultés à la réalisation de nos aspirations profondes et à l'expansion de notre être.

Inharmonie – L'excès de confiance en soi nous invite à gaspiller nos potentiels de naissance, et ceux régulièrement acquis, avec égoïsme et désinvolture. Nous pouvons étouffer nos ressources sans chercher à les exploiter et les faire évoluer pour atteindre une plus vaste connaissance du monde et de soi.

CAPRICORNE EN MAISON II

Harmonie – Nous possédons naturellement la rigueur et la maturité d'esprit pour gérer nos acquis et potentiels de naissance avec rentabilité et concrétisation assurée. Grâce à eux, nous entretenons cette capacité à élever les situations vers une réussite durable.

Inharmonie – Trop d'exigence nous amène à une certaine avarice envers nous-même concernant nos possessions matérielles et affectives. Nous ne pouvons de surcroît profiter de nos ressources innées qu'à un âge avancé, ou lorsque nous acceptons de lâcher ce contrôle, notamment sur soi, trop rigoureux.

VERSEAU EN MAISON II

Harmonie – Grâce à notre grande curiosité et à notre intérêt inné pour ce qui a trait à la nouveauté, nous réalisons nos buts avec facilité et ingéniosité. Le charme séduisant et spirituel que nous possédons naturellement attire à nous toutes relations aidant à l'extension de nos acquis et de notre être.

Inharmonie – Ne nous souciant pas des possessions matérielles, nous nous autorisons un laisser-aller pouvant devenir, dans ce domaine, subversif. Des idées arrêtées de perfection freinent l'expansion de la puissance que nous avons en nous.

POISSONS EN MAISON II

Harmonie – Grâce à notre intuition innée, nous possédons un grand potentiel d'adaptabilité à toutes les situations matérielles, affectives et intellectuelles. Nos ressources émotionnelles et instinctives nous relient naturellement aux autres et nous confèrent une séduction profonde. Notre force intérieure est connectée au courage et à la volonté inhérents à notre personnalité.

Inharmonie – L'expression et l'utilisation de notre capital de naissance peuvent être freinées lorsque nos imperfections sont révélées. Nous masquons nos aptitudes innées du fait de notre grande sensibilité et manquons alors l'opportunité d'utiliser nos ressources pour nos réalisations.

MAISON III

RAPPEL !

Acquis intégrés lors de l'enfance par le biais de l'entourage familial, éducatif, social. Apprentissage de la communication. Premières compréhensions du monde. Façon d'intégrer toute nouvelle connaissance.

BÉLIER EN MAISON III

Harmonie – L'activité cérébrale est importante et productive à chaque étape d'apprentissage. Bien maîtrisée et encouragée, la pensée, dynamique, offre des idées extraordinaires et une inspiration sans cesse renouvelée. Nous apprenons régulièrement à nous servir de notre impulsion en la raisonnant et les bases pour identifier efficacement les intérêts avant de nous lancer.

Inharmonie – Sans une éducation rigoureuse, notre parole peut devenir trop spontanée et engager des rapports de force avec l'entourage.

TAUREAU EN MAISON III

Harmonie – Un environnement stable et affectueux nous encourage à développer, à notre rythme, nos capacités, et à nous exprimer avec sérénité. Nous avons besoin de calme et de discrétion pour intégrer et approfondir de nouvelles connaissances.

Inharmonie – Malgré des idées concrètes et réalistes, nous devons apprendre à les élargir afin de dégager tout notre potentiel et éviter une inertie cérébrale dans laquelle nous pourrions nous complaire.

GÉMEAUX EN MAISON III

Harmonie – notre parole et notre pensée sont vives. Nous déployons une grande sensibilité pour assimiler de nouvelles acquisitions et savons les communiquer avec facilité et générosité. Les relations au cours de la période de l'enfance, puis tout au long de notre existence, se font multiples, évolutives et sont régulièrement actualisées. Nous développons un esprit d'initiative favorisant, de façon ludique et légère, tout apprentissage.

Inharmonie – En nous accordant trop de liberté dans nos méthodes d'assimilation, nous nous verrons nous essouffler rapidement lors de nouvelles acquisitions. Nous pouvons ressentir une dualité en nous qui nous angoisse et freine le développement de notre compréhension de la vie. Nous peinons à gérer la contradiction entre notre être intérieur et l'environnement dans lequel il se construit.

CANCER EN MAISON III

Harmonie – La construction de la pensée se base sur le respect des valeurs inculquées par notre entourage. Grâce à une ambiance affective et sécurisante, notre imagination, nos perceptions de l'autre et l'accès à nos émotions se développent avec fécondité. Nous agissons en fonction de notre intuition que nous consolidons régulièrement grâce à notre compréhension du monde.

Inharmonie – Infantilisés, nous peinons à exprimer nos émotions et notre sensibilité aux choses, et les masquons derrière une forme d'indifférence aux autres. Nous pouvons vivre alors nos premières années dans la timidité et l'humeur lunatique. L'intégration dans les groupes s'en trouve affectée.

LION EN MAISON III

Harmonie – Nous acquérons nos connaissances par le biais d'un entourage chaleureux sur lequel nous étendons, grâce au rayonnement de notre coeur, ce que nous apprenons. Nous développons notre propre liberté de pensée pour affirmer notre individualité. Nous éveillons notre sens inné pour la culture, l'esthétisme, le beau que nous offre le monde.

Inharmonie – Un entourage trop dévoué ou trop sévère lors des phases d'acquisition perturbe notre équilibre. Nous nous montrerons orgueilleux ou en recherche permanente de reconnaissance. Sans soutien, même discret, nous pouvons nous décourager rapidement et abandonner ce que nous entreprenons pour intégrer de nouvelles connaissances, plutôt que d'apprendre de nos échecs.

VIERGE EN MAISON III

Harmonie – Nous apprenons à concrétiser nos idées par l'acquisition d'une intelligence analytique et précise. La justesse de notre raisonnement, tant scientifique que rationnel, nous permet de nous forger notre propre système de valeurs. Nos apprentissages nous permettent de faire des réserves matérielles et intellectuelles que nous utiliserons avec pertinence tout au long de notre existence.

Inharmonie – Une rationalisation trop sèche et rigide acquise au cours de l'enfance tend à la critique et à un esprit étriqué. Sans l'appréhension de notre côté instinctif, nous pouvons développer des complexes nous éloignant des participations collectives, et de surcroît de l'apprentissage nécessaire à la compréhension de la vie.

BALANCE EN MAISON III

Harmonie – Une atmosphère paisible pour découvrir et comprendre le monde nous est essentielle. Nous savons nous positionner dans tous les environnements pour trouver les connaissances adéquates à notre apprentissage du monde et de la vie.

Inharmonie – Trop conformiste, nous pouvons développer une intelligence loin du coeur pouvant nous pousser vers des comportements manipulateurs voire opportunistes. Sans rigueur et discipline lors de chaque période d'apprentissage, notre énergie est mal canalisée et peut nous envelopper de laisser-aller.

SCORPION EN MAISON III

Harmonie – Nous comprenons que nous pouvons faire évoluer nos idées tout au long des apprentissages de la vie, approfondir notre pensée par la recherche de nouvelles connaissances et explorer toutes les dimensions que nous offre le monde. Notre perspicacité et notre sensibilité nous ouvrent aux autres et nous aident à nous forger une confiance en nos semblables.

Inharmonie – Le manque de diplomatie peut gêner les bons rapports avec l'entourage. Nous pouvons perdre alors confiance et développer une négativité freinant la bonne méthode d'acquisition et de transmission de nos connaissances.

SAGITTAIRE EN MAISON III

Harmonie – L'ouverture de la pensée est d'envergure. Nous nous intéressons à tout ce qui se présente à nous. Nous cherchons à élargir nos connaissances au-delà des apprentissages reçus. Notre intégration sociale passe par le partage de nos découvertes avec générosité, bonne humeur et chaleur affective.

Inharmonie – Nous pouvons nous perdre dans la trop grande diversité des apprentissages que nous visons. Nous surestimons nos facultés d'apprentissage et développons une intolérance au sein de notre environnement. Nous peinons à apprendre l'humilité nécessaire à une bonne intégration de toute nouvelle connaissance.

CAPRICORNE EN MAISON III

Harmonie – Le développement de la pensée est pris très au sérieux et géré avec méthode et concentration pour nous conduire vers la vie concrète. Nous gérons notre énergie avec une grande intelligence en rentabilisant chaque effort pour assurer l'assimilation parfaite de nos apprentissages tout au long de notre existence.

Inharmonie – Très matures dans l'enfance, nous pouvons nous sentir troublés dans nos rapports avec nos semblables et prendre nos distances avec des liens jugés puérils. La difficulté à vivre dans la jeunesse nous impose de possibles formes de solitude, limitant de surcroît l'acquisition de nouvelles connaissances.

VERSEAU EN MAISON III

Harmonie – La compréhension du monde dans toutes ses dimensions nous est aisée car nous sommes réceptifs à toute conception nouvelle. La pensée, bien que rigoureuse, se construit en direction de l'universalité et de l'avant-gardisme. De nature sociable, nos rapports aux autres durant l'enfance sont naturels et étendus, et nous invitent à une vie aisée socialement, nous facilitant les nouveaux apprentissages de l'existence.

Inharmonie – Une forte indépendance, consécutive à une trop grande liberté accordée, est cause d'une intolérance vis-à-vis de notre environnement. Les caprices, l'exigence et l'égoïsme peuvent également en découler et freiner l'assimilation des connaissances essentielles pour notre existence.

POISSONS EN MAISON III

Harmonie – La compréhension de notre entourage et la construction de notre conscience passent par une puissante intuition. Grâce à elle, nous intégrons facilement les apprentissages, notamment nécessaires à la communication, et savons les rassembler en une expérience unique nous conférant une véritable force.

Inharmonie – Trop sensibles à l'ambiance autour de la construction de notre être, nous pouvons fuir l'expression de notre émotivité et vivre notre enfance et notre existence dans un repli sur soi. Nous éprouvons des difficultés à structurer rationnellement nos acquisitions.

MAISON IV

RAPPEL !

Construction du foyer à l'âge adulte et de nos bases et valeurs personnelles. Actions relatives à la protection.

BÉLIER EN MAISON IV

Harmonie – L'envie de vivre la vie est transmise au sein du foyer que nous nous construisons à partir de nos propres conceptions, sans nous conformer à un modèle sociétal. Nous insufflons aisément à notre milieu familial cette énergie ressentie en nous. Un besoin de renouveller nos bases personnelles s'opère dans des actions créatives et concrètes.

Inharmonie – Trop de personnalité et trop d'entêtement peuvent nous mener à des conflits récurrents au sein de notre foyer. Nous pouvons nous sentir freinés dans l'expression de notre enthousiasme. Ce frein peut également venir de nous-même.

TAUREAU EN MAISON IV

Harmonie – Nous recherchons la stabilité du foyer que nous nous construisons à travers routines, rites, habitudes. Cela s'applique également à notre être intérieur. Nous ressentons le besoin d'attachement à la terre, soit en vivant en communion avec elle, soit pour nous ressourcer.

Inharmonie – Les changements des bases de notre vie et de nous-même peuvent être lents à se mettre en place, car cela implique de remanier nos racines profondes pour lesquelles nous avons un attachement excessif.

GÉMEAUX EN MAISON IV

Harmonie – Une intelligence toujours en éveil et empreinte de tolérance nous offre la capacité à réorganiser avec praticité et légèreté les aspects de notre foyer familial et des valeurs personnelles de notre être intérieur. Le besoin d'actualiser régulièrement les bases de nos foyers, intérieur et extérieur, se fait de façon ludique et ouverte au changement.

Inharmonie – En l'absence de rigueur, nous rendons nos foyers instables et ressentons l'éparpillement de notre être intérieur qui déteint alors sur notre environnement. L'esprit se bloque dans l'égoïsme face aux situations de développement. La construction de notre être, et de surcroît de notre milieu familial, s'avère difficile à entreprendre.

CANCER EN MAISON IV

Harmonie – Les racines de notre foyer familial, et de celui de notre être intérieur, sont fondées sur l'affectif et la protection à tous les niveaux. Nous aimons perpétuer les valeurs et les traditions que nous avons reçues et nous appuyer sur elles. Les évolutions profondes de notre être seront traitées selon notre intuition, en retrait des autres, pour assurer la bonne mutation de nos bases et valeurs personnelles.

Inharmonie – Sans exorciser nos émotions par l'action, nous rencontrons une inconstance dans nos comportements, apportant à notre foyer une ambiance instable. Nous ressentons un mal-être profond lorsque nous peinons à instaurer un nouvel environnement, se voulant pourtant fiable.

LION EN MAISON IV

Harmonie – Nous offrons à notre foyer familial le magnifique rayonnement de l'être qui nous caractérise. Grâce à cet aspect développé, les bases affectives sont stables. Les mutations internes nous permettent la naissance d'un être plus fort, affirmé et autonome, mais qui reste généreux. Nous assurons nos rôles au sein du foyer avec sérieux et intelligence du coeur.

Inharmonie – Avec une affirmation trop élevée de soi, nous cherchons à paraître et à faire reconnaître avec exubérance et prétention les qualités de notre foyer, plutôt que de simplement les vivre. Notre être intérieur ne peut avoir accès à quelque forme d'évolution si nous nous jugeons suffisants.

VIERGE EN MAISON IV

Harmonie – Les bases de notre vie et de nous-même sont concrètes et précises. Nous nous dévouons pour notre foyer avec rationalité et efficacité. Nous ne cherchons pas la reconnaissance, car notre intention est pure. Nous assimilons et conservons en nous afin de puiser dans nos réserves ce dont nous avons besoin au bon moment pour faire croître nos foyers, intérieur et extérieur.

Inharmonie – Ce n'est que par le biais de la maladie que nous pouvons comprendre que les bases de nous-même ne peuvent évoluer uniquement par le raisonnement cérébral et pragmatique.

BALANCE EN MAISON IV

Harmonie – La sagesse nous élève vers une maturité équilibrant harmonieusement tous les aspects émotionnels relatifs à notre foyer et notre être intérieur. Empreints de tolérance, nous adoptons un comportement doux et souple menant ainsi nos vies, extérieure et intérieure, sans conflits.

Inharmonie – Une énergie mal canalisée et déséquilibrée transforme la douceur en paresse, la tolérance en laxisme, la recherche d'équilibre en opportunisme. Nous ressentons le trouble causé au sein de nos deux foyers et devons, pour rétablir l'équilibre, réduire dans notre vie le superflu.

SCORPION EN MAISON IV

Harmonie – Les bases de soi-même sont soumises à de profondes mutations, une ou plusieurs fois au cours de notre existence. Cela afin de mieux nous recréer dans nos foyers, intérieur et extérieur. Nous savons éliminer ce qui est devenu obsolète à notre bien-être et nous confronte avec lucidité, efficacité et compréhension profonde aux situations familiales et personnelles freinant toute évolution.

Inharmonie – L'angoisse d'exister peut nous conduire vers des formes de violence, de jalousie, de négativité, qui perturbent très fortement l'équilibre de nos foyers. Lorsque nous cherchons à faire évoluer nos bases personnelles, nous pouvons passer par des phases destructrices pour nous-même et pour notre environnement proche.

SAGITTAIRE EN MAISON IV

Harmonie – Nous recherchons constamment à élargir les horizons du foyer, un désir d'expansion relatif à celui que nous construisons, mais également à celui de notre être intérieur. Les phases d'évolution de nos foyers sont nombreuses et graduelles. Nous transposons aisément ce que nous acquérons de ces phases sur notre environnement proche.

Inharmonie – Mal compris, les enseignements de la vie nous rendent instables dans nos comportements, nous poussant à l'intransigeance au sein de notre cadre de vie et envers nous-même.

CAPRICORNE EN MAISON IV

Harmonie – L'épanouissement de nos foyers, familial et personnel, passe par le respect des principes et valeurs instaurant des bases solides. Celles-ci sont construites sur l'indépendance, l'ambition et l'élévation. Nos réflexions sont rigoureuses et matures pour assurer des mutations réussies et durables de notre être intérieur ainsi que l'ancrage de notre foyer.

Inharmonie – Trop de rigueur apporte une sévérité excessive limitant l'expansion de nos foyers, tant extérieur qu'intérieur. Nous nous voulons exigeants avec nous-même en nous offrant peu de possibilités d'évolution. De même au sein de notre environnement proche, le contrôle prime sur la flexibilité dans chaque situation rencontrée.

VERSEAU EN MAISON IV

Harmonie – Nous accordons de l'importance à l'ouverture du foyer vers le monde, aux évolutions susceptibles de le faire progresser, et y cultivons l'indépendance de chacun. L'action est libre et nous permet de recréer nos foyers, tant extérieur qu'intérieur, de façon totalement nouvelle. Nous savons ce que nous abandonnons de nos empreintes éducationnelles et où nous allons, car nous restons prévoyants tout en conservant notre curiosité pour l'aventure.

Inharmonie – Nous rompons brutalement nos racines et les bases de notre être lorsque nous pressons la vie plus que nous ne la connaissons. Nous devenons alors instables et cherchons notre place au sein de notre foyer, mais également en nous, et rencontrons de surcroît des tristesses injustifiées.

POISSONS EN MAISON IV

Harmonie – Les bases de notre être intérieur se construisent à un niveau très profond, sur les sensations plutôt que sur le pragmatisme. La compréhension du moi profond passe par une communication sensorielle et énergétique, plus que par la verbalisation. Le dévouement pour notre foyer est empreint de sensibilité et d'une écoute à l'autre excellant au-delà des mots.

Inharmonie – Trop de sensibilité nous amène à une soumission pour notre foyer pouvant causer une désintégration de notre personnalité. Nous nous confrontons alors à un flou des bases de notre être que nous peinons à libérer des souffrances profondes.

MAISON V

RAPPEL !

Expression de la créativité personnelle (les enfants sont issus de notre création). Relative aux passions.

BÉLIER EN MAISON V

Harmonie – Notre pouvoir créateur est exprimé avec passion au niveau des aspirations personnelles, de nos enfants, nos loisirs, nos relations amoureuses. Notre esprit joueur fait jaillir des initiatives inspirantes. Toutes nos actions se veulent créatrices et dynamiques.

Inharmonie – Un débordement de spontanéité peut nous enfermer dans une obstination égocentrique. Nous nous éparpillons dans trop d'actions, étouffant notre créativité initiale.

TAUREAU EN MAISON V

Harmonie – Nous aimons vivre au rythme des saisons dont nous profitons avec appétence. Nous respectons la vie sous toutes ses formes et nous y puisons la créativité nécessaire à notre épanouissement personnel.

Inharmonie – Notre manque d'ouverture à d'autres concepts que les nôtres peut restreindre l'expansion des réalisations personnelles et passionnelles.

GÉMEAUX EN MAISON V

Harmonie – Nous détenons une grande curiosité et une culture étendue qui nous invitent à déployer notre expression personnelle, particulièrement par le biais de la communication au sens le plus large. Nous aimons créer généreusement et de façon ludique. Notre intelligence créative, toujours active, se tourne vers la nouveauté et la modernité.

Inharmonie – Sans l'accès à nos émotions, notre créativité reste sèche et intellectualisée. Nous nous éparpillons dans nos passions personnelles, à nous en essouffler, et peinons à épanouir l'expression de notre pouvoir créateur.

CANCER EN MAISON V

Harmonie – Dans une ambiance adaptée à notre sensibilité, nous dévoilons nos émotions par l'expression de notre créativité. L'imagination et l'intelligence fine dont nous disposons font naître notre moi intérieur. Nos actions sont fécondes, créatrices et passionnées.

Inharmonie – Si la créativité n'a pas été développée dans l'amour pendant l'enfance, nous pouvons ressentir des frustrations inconscientes qui bloquent notre pouvoir créateur. Nous nous attachons à nos racines et traditions qui limitent notre expression personnelle et l'expansion de la passion dans tout projet.

LION EN MAISON V

Harmonie – Nous animons nos passions relationnelles, affectives et créatrices avec le rayonnement puissant de notre coeur. Nous trouvons partout autour de nous une source de créativité, puisée dans le beau et l'esthétique. Notre expression personnelle se propage naturellement vers les autres avec amour et générosité.

Inharmonie – L'envergure de nos projets personnels peut nous conduire à chercher flatterie et reconnaissance sociale plutôt que la simple expression créatrice de notre être intérieur.

VIERGE EN MAISON V

Harmonie – Nous mettons notre créativité au service de l'autre, de l'éducation et de l'utile. Elle se veut méthodique pour amener à développer les talents.

Inharmonie – Notre intelligence trop mentale et scientifique peut limiter notre expression créatrice. Nous rationalisons l'abstrait et nous conformons à des concepts trop restreints de la création.

BALANCE EN MAISON V

Harmonie – Notre propension au beau et à l'esthétisme nous invite à l'admiration pour le monde artistique. Notre épanouissement personnel trouve l'équilibre dans le raffinement et la grâce des belles choses.

Inharmonie – Si nos intérêts récréatifs ne sont pas partagés, l'impression de solitude que nous ressentons peut toucher notre sensibilité jusqu'à la souffrance.

SCORPION EN MAISON V

Harmonie – Nous faisons évoluer nos passions personnelles et créatrices tout au long de notre existence, avec le besoin de les recréer pour mieux faire renaître notre personnalité profonde à travers elles. Nous nous investissons profondément lorsque nous commençons un projet personnel. Nous explorons toutes les dimensions de notre créativité pour exprimer notre moi profond.

Inharmonie – Les passions peuvent être orageuses si nos émotions ne sont pas stabilisées. Le manque de confiance en soi freine l'expression et l'expansion de notre pouvoir créateur.

SAGITTAIRE EN MAISON V

Harmonie – L'épanouissement personnel se trouve au coeur des plaisirs de la vie tels qu'elle nous les présente. Nous aspirons à un idéal que nous découvrons et créons à travers toutes sortes d'engouements personnels et passionnels. Il y a envie d'élargir notre enthousiasme à des fins moins personnelles.

Inharmonie – La passion peut être débordante et devenir excessive, tant par notre expression que par l'étendue des ambitions créatives. Un déséquilibre émotionnel s'installe alors en nous et nous fragilise dans notre rapport aux autres, avec nous-même et notre vie créative.

CAPRICORNE EN MAISON V

Harmonie – Les passions relationnelles sont investies avec sérieux, telle une quête que nous souhaitons réussir. Il vise l'amour-sagesse, jugé plus mature que l'amour-passion. Nous encourageons nos enfants, symbole de notre création, à l'indépendance et à l'ambition. Nos aptitudes créatives s'épanouissent lorsque nous acceptons de libérer l'enfant qui est en nous, souvent paradoxalement lorsque nous atteignons une certaine maturité d'esprit.

Inharmonie – Les passions verbalement ou physiquement non exprimées, car évidentes pour nous, peuvent provoquer des difficultés d'existence et d'élan créatif si elles sont bloquées dans le domaine des passions relationnelles.

VERSEAU EN MAISON V

Harmonie – Nous nous sentons libres dans nos orientations créatives. Nous nous ouvrons aisément à tout imprévu que nous adaptons harmonieusement à nos projets personnels afin de les faire progresser vers un avant-gardisme ingénieux. Nous partageons, sans vanité, nos passions avec tout le monde.

Inharmonie – Notre créativité puissante nous pousse à reconstruire le monde à notre image et exige des autres qu'ils se conforment à nos visions personnelles. De ce fait, nous pouvons entraver l'expression créatrice des autres.

POISSONS EN MAISON V

Harmonie – Nous déployons un grand investissement émotionnel lorsque nous entrons dans un domaine où notre expression personnelle peut lier la créativité avec le relationnel, tel que les amours, les enfants ou dans les activités personnelles. Fusionner avec ce que nous créons nous fait vibrer et nous connecte au monde et à la vie.

Inharmonie – À moins de déployer avec légèreté notre créativité intérieure, puisant son origine dans une grande sensibilité, nous nous replions sur nous-même et étouffons la libération de notre être vers son expression naturelle.

MAISON VI

RAPPEL !

Façon de se soigner, de prendre soin des autres et de sa vie quotidienne.

BÉLIER EN MAISON VI

Harmonie – Nous déployons une forte combativité pour ce qui a trait à notre santé et celle des autres. Nous insufflons les impulsions nécessaires pour sortir des tourments. Nous avons besoin d'espace et de liberté pour faire vivre notre corps au quotidien.

Inharmonie – Nos handicaps quotidiens se manifestent par des crises aiguës liées souvent à la tête. Nous pouvons nous laisser déborder par des émotions vives lorsque les freins du quotidien peinent à se résoudre.

TAUREAU EN MAISON VI

Harmonie – Nous accordons de l'importance à l'harmonie physique et psychique, pour nous-même et pour les autres, ainsi que leur permanence, en nous efforçant de les stabiliser au quotidien. Nous nous ressourçons au contact de la nature.

Inharmonie – Lorsque nous perdons la connexion avec une hygiène de vie équilibrée, il peut y avoir enfermement sur soi et souffrance nous incitant à la rancoeur injustifiée envers les autres.

GÉMEAUX EN MAISON VI

Harmonie – Nous traitons les handicaps rencontrés avec une observation fine et une analyse rapide de leur source. Nous savons les repolariser pour rehausser notre bien-être et celui des autres. Nous accédons aisément à l'évolution des états d'être grâce à notre pensée réactive.

Inharmonie – Un mental mal maîtrisé explique notre éparpillement lorsque nous devons réajuster l'équilibre dans les situations de mal-être. Nous pouvons devenir impatients, et essouffler rapidement l'aide que nous avons engagée envers autrui, mais également pour nous-même.

CANCER EN MAISON VI

Harmonie – La protection de soi et des autres fait partie intégrante de notre conception. Nous percevons et sentons les besoins relatifs à une bonne hygiène de vie. Notre efficacité et notre discrétion nous assurent des résultats optimaux.

Inharmonie – Avec une émotivité intériorisée, nous accédons difficilement au passage à l'action pour accompagner tout mal-être. Nous devenons alors lunatiques et peu fiables.

LION EN MAISON VI

Harmonie – Avec la générosité du coeur, nous déployons une protection presque paternaliste pour nos semblables en difficulté. Grâce à notre puissante conviction en toute chose, nous dynamisons aussi bien notre vie quotidienne que les actions relatives à la santé.

Inharmonie – Un débordement de fierté apparaît lorsque nous apportons la guérison en vue de la reconnaissance, et non avec le coeur. L'adversité peut nous décourager si nous ne nous sentons pas accompagnés face aux déséquilibres psychiques et corporels que nous rencontrons.

VIERGE EN MAISON VI

Harmonie – Nous analysons avec justesse les contraintes du quotidien et utilisons aisément nos qualités et connaissances d'ordre pratique pour améliorer notre rythme journalier, notre santé et celle des autres.

Inharmonie – Le manque de connexion avec notre instinct occasionne anxiété, rituels névrotiques, somatisation.

BALANCE EN MAISON VI

Harmonie – Notre intelligence mature nous octroie la faculté de trouver le juste équilibre entre l'indispensable et le laxisme, ce qui nous permet une vie saine au quotidien.

Inharmonie – Le manque de bon sens et de discipline cause quelques formes de négligence lorsqu'il s'agit de prendre soin de soi, des autres et de notre santé.

SCORPION EN MAISON VI

Harmonie – Dotés d'une grande clairvoyance, nous activons notre capacité à restaurer avec persévérance la santé, dans les situations handicapantes que nous rencontrons tant personnellement que chez autrui. Grâce à notre ressenti puissant pour découvrir ce qu'il y a derrière les difficultés, nous savons extraire quiconque de l'inconfort avec efficacité.

Inharmonie – Malgré le fait que nous ne craignons pas de faire face aux graves problèmes de santé, nous pouvons manquer de discernement. Notre instinct ébranlé nous emporte alors dans une angoisse paralysante qui freine nos actions de purification et nous enlise dans une santé affaiblie.

SAGITTAIRE EN MAISON VI

Harmonie – L'étendue de notre pensée nous permet de chercher plus loin, et jusqu'au bout, ce qui aidera à sortir des handicaps quotidiens et problèmes de santé rencontrés. Notre confiance en la vie, notre dévouement, notre joie de vivre et notre esprit pratique nous aide à combattre les maux et nous permet de redresser les situations d'inconfort.

Inharmonie – En surévaluant nos acquis et compétences, nous générons un excès de confiance en nous, ajoutant à notre accompagnement, notamment pour autrui, arrogance et intolérance. Traits également visibles dans notre comportement avec ceux qui souhaitent prendre soin de nous.

CAPRICORNE EN MAISON VI

Harmonie – Nous abordons tout ce qui a trait à l'hygiène de la vie quotidienne avec une grande application et le sens du devoir. La santé est traitée avec l'ambition de dépasser tout obstacle pour retrouver le bien-être. Matures, nous assumons les responsabilités liées à ce domaine, pour les autres comme pour nous-même, mais acceptons également tout accompagnement extérieur doté de sérieux et de persévérance face aux handicaps rencontrés.

Inharmonie – Nous nous retirons dans l'isolement et la froideur lorsque nous perdons le contrôle pour redresser les situations d'inconfort. Nous pouvons devenir très exigeants, ce qui nous amène à quelques formes de rudesse et de maladresse.

VERSEAU EN MAISON VI

Harmonie – Nous disposons d'une ouverture d'esprit et d'un don de soi nous incitant à partager conseils, réconfort et soutien lors de difficultés de santé ou quotidiennes, tout en accordant à chacun la liberté d'action pour résoudre les obstacles rencontrés.

Inharmonie – En imposant aux autres notre vision, dans les domaines de la vie quotidienne et des soins relatifs au bien-être, nous pourrons faire sentir un opportunisme déplaisant. Nous devons apprendre à être tolérants avec les autres et à respecter leurs choix de vie.

POISSONS EN MAISON VI

Harmonie – Nous possédons la capacité à réceptionner les non-dits pour dénouer les situations complexes du quotidien. Nous appliquons cette aptitude à notre hygiène de vie et celle des autres, car nous entendons les souffrances au-delà des mots. L'expression de nos émotions harmonise le lien corps-esprit.

Inharmonie – Sans nous relier à nos intuitions, nos compréhensions d'ordre quotidien et médical entraînent une vulnérabilité nous conduisant à la fatigabilité, au repli sur soi, voire à la dépression.

MAISON VII

RAPPEL !

Construction de l'union. Développement de nos qualités au sein du couple, d'un partenariat, avec l'autre en face de nous.

BÉLIER EN MAISON VII

Harmonie – Nous donnons une certaine indépendance à la relation aussi bien de couple, amicale, que de partenariat. Nous conduisons facilement la relation avec notre créativité et notre côté passionné. Le respect de l'autre est important pour nous afin que chacun trouve son équilibre et son indépendance au sein de l'union.

Inharmonie – Nous nous emballons rapidement dans notre rapport à l'autre. Nous pouvons imposer notre place par le biais de comportements impulsifs.

TAUREAU EN MAISON VII

Harmonie – L'intelligence pratique, évaluant avec réalisme les éléments pour une bonne association, fait de nous un excellent partenaire. Les unions de tout type sont stables et solides et confèrent des rapports paisibles et sains.

Inharmonie – Les changements souhaités dans les relations peuvent être lents à se concrétiser, car nous préférons nous soumettre à des conditions difficiles plutôt que de bouleverser ce que nous avons enraciné.

GÉMEAUX EN MAISON VII

Harmonie – Le lien au sein de la relation à l'autre s'entoure d'un idéal commun ouvert à toutes formes de découverte. Libérés de certains freins que nous pourrions nous imposer, nous accédons à une communication empreinte de tolérance, de liberté d'expression facilitant toute évolution de la relation et des individus impliqués.

Inharmonie – Une dualité émotionnelle nous pénalise. Nous ressentons tout et son contraire. Nous entrons alors dans une liberté insouciante, activant des comportements égoïstes dans notre relation à l'autre. L'instabilité qui en découle nous incite à l'éparpillement et à une difficulté à construire une relation associative, amicale, affective, stable.

CANCER EN MAISON VII

Harmonie – Pour nous, la relation à l'autre a des bases essentiellement affectives. Nous nous engageons lorsque nous nous sentons suffisamment en confiance pour laisser parler nos sentiments. L'ouverture à l'autre devient alors une association facile et dans l'échange compréhensif. Nous laissons notre vulnérabilité de côté pour agir en alliant humour et ambition de croissance pour la relation.

Inharmonie – La relation à l'autre se pare d'ombre lorsque nous perdons le sentiment de sécurité. Les contraintes qu'elle révèle peuvent nous inciter à fuir toute association. Nous cachons notre émotivité derrière un masque d'indifférence qui rend la relation peu fiable et instable.

LION EN MAISON VII

Harmonie – Les associations sont rayonnantes et chaleureuses. Face à l'autre, nous déployons la force de notre coeur pour mener l'union vers l'épanouissement. Nous conduisons admirablement la relation grâce à l'éclat de notre être, notre assurance, notre conviction et notre confiance en la vie.

Inharmonie – Avec trop d'assurance, nous nous félicitons alors pour la réussite de nos associations jusqu'à nous contenter d'un paraître au lieu de vivre la relation avec la simplicité du coeur.

VIERGE EN MAISON VII

Harmonie – Nous nous dévouons dans nos relations à l'autre avec prévenance, patience et pureté d'intention. Les associations, de préférence vives et cultivées, développent les facultés intellectuelles de façon réciproque chez l'un et l'autre. Nous ressentons le besoin affectif de l'autre pour évoluer au-delà de notre système de valeurs initial.

Inharmonie – Nous pouvons fuir face à nos ressentis profonds en nous enfermant sur nous-même, et rendre les relations associatives sèches voire pauvres dans l'échange. L'expression excessive de notre intelligence rationnelle peut causer de l'opposition chez l'autre.

BALANCE EN MAISON VII

Harmonie – Nous utilisons nos sens, notre sagesse et le respect de l'autre pour instaurer l'harmonie et le partage au sein de toute association. Nous affirmons notre originalité avec légèreté et maturité. Nous déployons les vertus du coeur, empreintes du Beau et du Vrai, pour assurer la réussite de la relation. Par la douceur de nos comportements, nous nous mettons naturellement à l'écoute de l'autre tout en sachant nous positionner dans chaque union.

Inharmonie – Un équilibre intérieur mal assuré déstabilise notre investissement dans les unions, et qui se manifeste par des formes de paresse et de laxisme. Si l'amour manque de maturité, nous jouons de manipulation, de jalousie voire d'irrationalité dans nos relations à l'autre.

SCORPION EN MAISON VII

Harmonie – L'association avec l'autre est puissante et profonde. Nous la portons vers une croissance créatrice régulièrement actualisée. Nous ressentons intensément le partenaire et, de ce fait, investissons notre instinct et notre émotivité pour amener chacune de nos relations vers une dimension supérieure.

Inharmonie – Les rapports de force au sein de la relation entraînent jalousie, possessivité et manipulations destructrices. Sans la confiance en l'autre, nous devenons dépendants et angoissés, jusqu'à nous faire répudier.

SAGITTAIRE EN MAISON VII

Harmonie – Nous cherchons toutes formes d'expansion qui ouvre vers de nouveaux horizons, pour conduire nos relations à l'autre vers des expériences enrichissantes. Nous transmettons aisément et avec simplicité notre affection et notre confiance en la vie. Le partage passe par un idéal commun et le désir d'un épanouissement relationnel toujours plus grand.

Inharmonie – Beaucoup d'attentes nous enferment dans une intransigeance qui pourrait rendre violente l'association. Le manque d'humilité à tous les niveaux engendre chez nous une instabilité affective dans notre communication à l'autre.

CAPRICORNE EN MAISON VII

Harmonie – Le rapport à l'autre ne se pare pas de superficialité, car nous recherchons la solidité et le sérieux dans notre relation à l'autre. Nous sommes dotés d'une intelligence de la vie qui nous assure une réussite durable de nos associations.

Inharmonie – Nous nous encombrons de principes et d'obligations, de rudesse, d'exigence ou de maladresse qui affectent la relation à l'autre. Un trop grand contrôle de soi nous amène à une certaine froideur, installant une forme de distance au sein de nos rapports à autrui.

VERSEAU EN MAISON VII

Harmonie – Nous disposons d'un sens du partage nous invitant à distiller à l'autre soutien, encouragements, inspirations, tout en lui laissant la liberté de se développer. Malgré la nécessité d'indépendance, nous gardons un besoin de contact.

Inharmonie – Une certaine instabilité dans notre rapport émotionnel à l'autre peut nous amener à un déséquilibre entre égoïsme et amour de l'autre, libertinage et attachement définitif, caprice et créativité. Nous pouvons imposer nos idées pour construire la relation à notre image.

POISSONS EN MAISON VII

Harmonie – Notre grande sensibilité nous attribue une capacité à réceptionner et comprendre les émotions de l'autre. Nous savons déployer notre force intérieure, sensible et intuitive, par le biais de l'expression de nos sentiments, ce qui fait de nous un être séduisant. Nous vibrons pour la dimension profonde de l'amour qui règne au sein des relations à l'autre.

Inharmonie – Une relation trop fusionnelle peut nous gêner dans l'expression de notre propre personnalité, car nous sommes enclins à donner à l'autre ce qu'il attend. Par manque d'ouverture à l'autre de notre être, nous nous isolons dans nos rêves et devenons vulnérable dans la relation, jusqu'à parfois la dépendance ou la soumission.

MAISON VIII

RAPPEL !

Autotransformations grâce aux prises de conscience, aux introspections, aux potentiels intérieurs actualisés.

BÉLIER EN MAISON VIII

Harmonie – Notre évolution de soi passe par le recyclage régulier et dynamique de nos idées personnelles. Nous nous laissons guider par nos inspirations psychiques puissantes, vives et rapides pour atteindre la maturité d'esprit. Les initiatives d'autotransformation sont décidées par notre volonté tout au long de notre existence.

Inharmonie – Si la volonté d'introspection est trop poussée, cela peut occasionner des troubles psychiques et de nombreux conflits intérieurs.

TAUREAU EN MAISON VIII

Harmonie – Lorsque nous devons entreprendre de profondes mutations de notre être, nous faisons preuve de ténacité et de résistance pour aller au bout de notre développement. Nous nous armons de patience pour réussir chaque introspection et réussir notre accomplissement intérieur.

Inharmonie – Cependant, si nous nous entêtons face à certaines transformations nécessaires, et si nous nous attachons de manière inflexible à nos racines, habitudes ou routines, les étapes d'évolution seront lentes et pénibles.

GÉMEAUX EN MAISON VIII

Harmonie – Les mutations intérieures sont fréquentes au cours de notre existence afin de rétablir régulièrement en nous de nouvelles bases. Notre capacité d'abstraction nous invite à entrevoir le type de régénération qui pourrait nous être bénéfique pour faire évoluer notre être. Nous adaptons rapidement notre conscience aux nouvelles conceptions que nous mettons en place.

Inharmonie – Nous pouvons entrer dans une dualité qui nous entraîne dans une confusion de nous-même lors des introspections, ne savant plus comment les aborder, et qui nous freine dans les mutations permettant d'atteindre la maturité de notre conscience.

CANCER EN MAISON VIII

Harmonie – Lorsque nous abordons les prises de conscience relatives à l'évolution de notre être, nous les traitons avec notre intuition après les avoir captées dans leur globalité. Pour nous régénérer et retrouver une sécurité intérieure qui nous permet d'évoluer avec de nouveaux ancrages, nous utilisons avec efficacité une intelligence reliée à la sensibilité.

Inharmonie – À moins de faire appel à notre sensibilité, nous peinons à lâcher les protections devenues inutiles pour notre cheminement intérieur, et entretenons de fortes contraintes dans notre relation à nous-même et le développement de notre être intérieur.

LION EN MAISON VIII

Harmonie – La recherche de rayonnement intérieur passe par la connexion avec les sentiments, nous nous investissons avec passion dans nos introspections. Notre confiance en soi et en la vie nous incite à aller au bout de nos recherches d'accomplissement intérieur, et cela avec sérieux. Nous assurons ainsi un excellent renouvellement de l'affirmation de soi.

Inharmonie – Lors des phases de mutation, nous pouvons nous infliger à nous-même une grande sévérité. L'élévation vers la maturité peut alors nous essouffler. Nous abdiquons pour éviter un possible échec, mais notre affectivité peut en souffrir.

VIERGE EN MAISON VIII

Harmonie – Notre rationalité nous permet une juste analyse de nos conscientisations. Nous les adaptons ainsi avec précision à nos autotransformations.

Inharmonie – Notre dévouement pour les causes extérieures à nous-même peut nous éloigner des face-à-face avec notre conscience. Lorsque nous bloquons les introspections, notre corps nous rappelle à l'ordre par des phases de maladie.

BALANCE EN MAISON VIII

Harmonie – Nous franchissons les étapes de croissance de notre conscience vers la maturité avec légèreté et souplesse. Nous savons rendre prospères nos autotransformations lorsqu'elles évoluent en parfaite harmonie avec nos valeurs. Nous cherchons tout au long de notre existence à accorder notre corps et notre esprit pour garder un équilibre nous élevant continuellement vers le juste discernement de toute chose et de nous-même.

Inharmonie – Une dysharmonie intérieure peut être provoquée par notre inertie. Nous accumulons en nous une surabondance de principes et de notions conditionnantes qui freinent les introspections nécessaires à notre évolution.

SCORPION EN MAISON VIII

Harmonie – Nous effectuons chaque phase de changement en profondeur, avec perspicacité et endurance. Nous ressentons le besoin d'agir à tous les niveaux de conscience et dans notre environnement pour recréer un milieu adapté, tant intérieurement qu'extérieurement, à notre véritable nature. Les instincts sont maîtrisés et nous permettent d'accueillir les mutations lorsque nous les sentons nécessaires.

Inharmonie – L'intoxication mentale peut générer des luttes intérieures et avec l'extérieur. Nous peinons alors à nous sortir de schémas de vie inadaptés. Nos introspections sont douloureuses pour nous, mais également pour notre entourage.

SAGITTAIRE EN MAISON VIII

Harmonie – Les mutations intérieures, que nous provoquons, permettent l'ouverture et l'expansion de notre être vers l'extérieur. Nous transformons de surcroît notre rapport à nous-même mais également aux autres. Nous cherchons à connaître les tenants et les aboutissants de l'évolution que nous sentons venir pour pouvoir y impliquer notre pleine présence et conscience.

Inharmonie – Nous devons développer une compréhension plus élevée de nos introspections pour éviter une stagnation de notre être qui pourrait nous rendre pessimistes et angoissés.

CAPRICORNE EN MAISON VIII

Harmonie – Notre introspection est réalisée avec rigueur, patience et persévérance. Nous analysons avec précision et grande intelligence les éléments nous permettant d'entamer pour notre être intérieur des mutations réussies et durables. Nous savons garder le contrôle de soi lors de ces phases d'autotransformation, assurant ainsi la rentabilité de chaque effort fourni.

Inharmonie – La crainte de l'inconnu peut nous conforter dans ce qui nous est familier. Notre maturité et l'accès à notre bon discernement sont alors développés avec lenteur voire absence totale lorsque se présentent à nous des phases d'évolution de notre être.

VERSEAU EN MAISON VIII

Harmonie – Fort d'une ouverture d'esprit et d'une énergie mentale intense, nous déployons une curiosité et une créativité pour nos introspections et mutations, nous invitant à avancer, progresser, vers un épanouissement intérieur que nous vivons pleinement sans nécessairement chercher à l'analyser.

Inharmonie – Une trop grande liberté accordée à nous-même peut nous entraîner vers une instabilité intérieure face à la vie, que nous aurons tendance à presser plus que nous ne la connaissons. Un sentiment d'emprisonnement alors ressenti nous freinera dans nos démarches d'introspection.

POISSONS EN MAISON VIII

Harmonie – Par le biais de l'introspection, nous recherchons une compréhension totale des situations que nous rencontrons. Les mutations de notre être intérieur sont profondes, voire inconscientes, mais pleinement ressenties, jusqu'à réussir la purification des sources pouvant bloquer notre expansion.

Inharmonie – Les étapes d'évolution de notre être peuvent se comprendre par le biais de la maladie ou un profond mal-être répercuté physiquement. Le psychique tente de nous réveiller par le biais de notre corps. Si nous ne nous interrogeons pas sur le lien corps-esprit, les changements nécessaires pour accéder à l'épanouissement se feront dans la souffrance physique.

MAISON IX

RAPPEL !

Compréhension et acceptation de ce qui est abstrait. Expansion de la conscience au-delà de nos croyances et conceptions habituelles.

BÉLIER EN MAISON IX

Harmonie – Notre envie de découvrir au-delà de nos concepts habituels est empreinte de dynamisme et de volonté pour parvenir à une nouvelle compréhension du monde. Nous adoptons un esprit d'aventure pour élargir nos horizons, tant physiques que mentaux.

Inharmonie – Il nous faudra nous défaire de l'égocentrisme contenu dans notre idéal de vie afin que cet idéal devienne moins personnel et plus ouvert aux autres, et au monde en général.

TAUREAU EN MAISON IX

Harmonie – Par le contact avec la vie naturelle, la terre, nous trouvons notre source d'épanouissement, de vérité et d'ouverture de soi vers le monde. Du fait de notre capacité à nous adapter et à vivre au rythme des saisons, il y a aptitude à déraciner les premiers concepts de vie pour les élargir à d'autres dispositions psychiques, matérielles, spirituelles, plus adéquates à nos besoins.

Inharmonie – L'attachement excessif à nos idées freine l'élargissement de nos vérités et nous maintient dans des conceptions étriquées qui limitent notre ouverture d'esprit aux autres idées et au monde.

GÉMEAUX EN MAISON IX

Harmonie – La curiosité et l'intelligence, toujours alertes aux nouvelles connaissances, nous amènent à élargir nos horizons personnels. Nous sommes attirés par la recherche de compréhensions différentes, certes plutôt concrètes, mais nous invitant à donner de l'ampleur à notre conscience. Tous les types de communication nous accompagnent dans notre recherche de mobilité et d'évolution tant pour le corps que pour la pensée.

Inharmonie – La compréhension trop intellectualisée nous rend sceptiques quant aux possibilités d'évolution de notre conscience. Nous freinons l'élan de découverte devant l'ampleur des visions du monde qui s'offrent à nous créant une dualité, entre l'envie et le dédain, qui nous angoissent.

CANCER EN MAISON IX

Harmonie – Nous cherchons à faire évoluer nos conceptions traditionalistes de la vie vers des idées plus abstraites, laissant notre intuition prendre part à l'intégration des nouvelles connaissances.

Inharmonie – En masquant notre émotivité face à toute chose, nous perdons le contact avec l'extension de notre pensée, qui devient intransigeante.

LION EN MAISON IX

Harmonie – L'ouverture d'esprit passe par les découvertes de la vie et de ce qu'elle offre de beau. Nous vivons l'attrait de l'abstrait avec les sentiments du coeur et affirmons avec conviction nos nouvelles visions des choses.

Inharmonie – Trop confiant en notre compréhension de la vie, nous pouvons vouloir imposer nos nouvelles valeurs et conceptions et les exposer avec une prétention excessive.

VIERGE EN MAISON IX

Harmonie – Notre intérêt pour étendre notre vision du monde passe par des expériences intellectuelles concrètes et rationnelles. De cette façon, nous osons concevoir au-delà du conformisme ou de nos premières compréhensions.

Inharmonie – Un développement trop cérébral de notre conscience nous amène à conditionner les nouvelles conceptions du monde, alors dépourvues d'émotion, dans des formes de principes voire à les exprimer comme des rites névrotiques.

BALANCE EN MAISON IX

Harmonie – Nous faisons évoluer nos conceptions du monde et de la vie tout au long de notre existence et dirigeons nos pensées vers leur élévation. Nous cherchons, au-delà du conformisme, l'unité et la communion entre toutes choses pour atteindre de nouvelles formes de beauté et d'harmonie, pour nous-même et pour les autres.

Inharmonie – Par manque d'allant, nous nous contentons du désir d'élever notre compréhension du monde, ainsi que nos idées, qui restent au stade de l'utopie.

SCORPION EN MAISON IX

Harmonie – Nous sommes doués pour reconsidérer nos convictions tout au long de notre existence. Les changements radicaux et profonds s'opèrent lorsque de meilleures compréhensions de la vie et de l'être humain nous apparaissent.

Inharmonie – Une angoisse d'exister peut ressortir si les nouvelles acquisitions sur l'au-delà des choses nous font nous éloigner de nous-même. Nous pouvons perdre la confiance en soi et en nos conceptions, dont nous freinerons l'expansion, même si elles nous semblent devenues inadaptées.

SAGITTAIRE EN MAISON IX

Harmonie – La recherche d'élargissement de l'horizon de nos conceptions naît d'un idéal du monde auquel nous aspirons. Nous nous ouvrons facilement, et avec allégresse, aux autres systèmes de valeurs que le nôtre pour atteindre toujours quelque chose de plus grand et ainsi enrichir nos expériences de vie.

Inharmonie – Mal intégrées, les compréhensions du monde peuvent nous entraîner au pessimisme excessif lorsqu'elles ne contribuent pas à la croissance désirée pour notre conscience. Nous nous enfermons dans l'orgueil, ou la naïveté, suivant notre tempérament.

CAPRICORNE EN MAISON IX

Harmonie – Nous explorons et intégrons les notions autres que les nôtres avec une réflexion supérieure, une critique avisée et l'ambition de les porter à un niveau élevé au sein de nos aspirations profondes.

Inharmonie – La crainte de perdre nos conceptions établies nous entraîne vers une rigidité de pensée, une étroitesse d'esprit et un scepticisme qui nous freinent dans notre compréhension du monde. Notre existence manque alors de souplesse et d'impulsion de vie.

VERSEAU EN MAISON IX

Harmonie – L'intérêt pour les idées nouvelles nous invite, avec une grande curiosité, à chercher au-delà de nous-même, à voir au-delà de la compréhension concrète des choses. Nous nous libérons de toutes les conceptions dépassées et nous nous ouvrons à tout ce qui permet l'extension de notre conscience vers l'universalité.

Inharmonie – Enfermés dans nos croyances, nous développons jugements et scepticisme, critiquant selon nos propres critères. Les conflits entre nos idées et nos découvertes limitent toute expansion et nous entraînent à nous perdre, plutôt qu'à libérer et partager de nouvelles idéologies.

POISSONS EN MAISON IX

Harmonie – Nous ressentons profondément notre lien avec l'au-delà du compréhensible. Nous élargissons aisément notre conscience à de nouvelles visions du monde grâce à notre sensibilité des choses, des êtres et des situations. Nous adaptons naturellement les nouvelles ressources acquises à celles intégrées au cours de nos expériences de vie.

Inharmonie – La symbiose non effective de notre monde intérieur avec notre réalité extérieure peut nous amener à rêver un idéal, nous emprisonnant dans un isolement douloureux.

MAISON X

RAPPEL !

Aspirations professionnelles. Intégration de nos potentiels adéquats au monde professionnel.

BÉLIER EN MAISON X

Harmonie – Notre initiative est combative dans le domaine des aspirations professionnelles. Tout en gardant une part d'indépendance et d'autonomie dans le contexte du travail, nous invitons tout un chacun à nous suivre avec enthousiasme. Nous donnons alors le meilleur de nous-même. Afin de nous faire évoluer, nous provoquons les changements de carrière. Ils peuvent être fréquents puisque nous ne redoutons pas l'aventure ni les prises de décision. L'action l'emporte sur la pensée, en gardant tout de même une certaine réflexion préalable.

Inharmonie – Dans un cadre trop structuré, nous pouvons peiner à trouver notre liberté d'action, de création et d'évolution. Nous entrons alors dans des formes de nervosité pouvant aller jusqu'à la violence verbale ou physique.

TAUREAU EN MAISON X

Harmonie – Nous déployons une intelligence pratique évaluant, soupesant, mesurant les données relatives aux responsabilités professionnelles. Cela fait de nous un excellent coéquipier dans le milieu du travail. Nous savons rendre une ambiance de travail agréable et productive. Le calme et la discrétion nous sont essentiels pour accéder à la réalisation concrète de nos aspirations professionnelles.

Inharmonie – Les changements survenant dans la carrière peuvent s'avérer longs à entreprendre si nous nous enracinons dans certaines routines, même si celles-ci nous contraignent à des conditions de travail inadaptées.

GÉMEAUX EN MAISON X

Harmonie – Fort de notre adaptabilité, nous savons nous rendre accessibles dans notre milieu professionnel. Nous présentons une rapidité de compréhension et une communication aisée permettant un bon esprit d'équipe. Notre curiosité nous invite à découvrir les mobilités possibles tout au long de notre carrière.

Inharmonie – Les multiples évolutions et changements, proposés professionnellement tout au long de notre carrière, peuvent générer des résistances lors des prises de décision. Devoir choisir entre changer et conserver nous pénalise et nous angoisse.

CANCER EN MAISON X

Harmonie – À l'aise dans des structures bien définies, nous nous réalisons professionnellement avec régularité, concentration et une ambition discrète. Nous pouvons oeuvrer en retrait pour fiabiliser nos chances de réussite, mais conservons le besoin du groupe pour progresser dans la réalisation de nos projets de carrière.

Inharmonie – Dans une situation professionnelle qui affecte notre sentiment de sécurité, nous devenons inconstants et peu fiables tant dans notre travail que dans nos comportements en équipe. Notre émotivité est masquée, voire paralysée.

LION EN MAISON X

Harmonie – Notre puissant dynamisme nous positionne tel un centre rayonnant dans le milieu professionnel. Naturellement meneur, nous assumons notre rôle et les responsabilités associées avec assurance et conviction. Nous avons conscience de nos qualités et de notre valeur et les appliquons avec une grande générosité du coeur.

Inharmonie – Le besoin d'exercer notre influence nous pousse à imposer notre autorité et notre présence, nous gonflant d'orgueil et de vanité. Notre susceptibilité peut nous faire renoncer à toute implication professionnelle.

VIERGE EN MAISON X

Harmonie – Perfectionnisme et conscience professionnelle organisent la conduite à suivre dans le milieu du travail. Nous savons faire reconnaître nos qualités et nous nous activons avec discrétion et efficacité au bon fonctionnement d'une équipe. Nous nous mettons au service des autres avec compétence et sens de la responsabilité.

Inharmonie – Un raisonnement trop théorique ou scientifique nous enferme dans un conformisme qui nous confère un caractère assez sec et critique. Nous nous éloignons alors de la participation à la vie d'équipe. Notre carrière peut manquer d'élan lorsque nous faisons de la routine un principe.

BALANCE EN MAISON X

Harmonie – Notre souplesse naturelle nous préserve des conflits rencontrés dans le monde professionnel. La tolérance et la douceur de notre comportement font de nous un excellent partenaire au travail, un allié, mais également un conseiller estimé. Nous coopérons dans la rigueur et la discipline tout en préservant une ambiance harmonieuse. La recherche d'équilibre est maintenue tout au long de la carrière, également pour toute nouvelle orientation professionnelle.

Inharmonie – Si l'intelligence manque de sensibilité, nous pouvons infliger des attitudes manipulatrices et opportunistes. Le laisser-aller s'octroie une place dans notre vie professionnelle par manque d'ouverture d'esprit.

SCORPION EN MAISON X

Harmonie – Notre force mentale nous permet de restructurer notre voie professionnelle et de la réadapter régulièrement à notre vraie nature, en éliminant l'inutile ou ce qui nous est devenu désuet pour évoluer. Nous faisons preuve de lucidité, d'efficacité et d'endurance pour mener à bien notre travail.

Inharmonie – Une émotive intérieure instable peut entraîner des changements fréquents et radicaux dans le milieu professionnel, ou nous enclaver dans des schémas de carrière inadaptés. Nous nous angoissons, déployons de la négativité et tendons aussi bien à la paresse qu'à la manipulation.

SAGITTAIRE EN MAISON X

Harmonie – Nous recherchons l'expansion de notre identité dans notre carrière par un développement progressif, mais étendu à tout ce qui le propulsera. Notre enthousiasme chaleureux et le désir de transmettre ce que nous savons nous ouvrent à une excellente intégration professionnelle. Nos idées sont cohérentes, synthétiques et toujours portées de nouvelles découvertes visant à la réalisation de notre idéal professionnel.

Inharmonie – L'excès de confiance en soi peut gêner l'adaptation au sein du milieu du travail en dévoilant une surestimation de nos aptitudes et de l'intolérance envers nos partenaires.

CAPRICORNE EN MAISON X

Harmonie – Nous nous élevons professionnellement grâce à l'envie de réussir et y engageons notre concentration, notre maturité d'esprit et notre ambition avec constance. Notre grande combativité, respectueuse des autres, fait de nous un collaborateur efficace pour atteindre les buts fixés. Nous gérons notre énergie avec une puissante intelligence pour nous assurer une réussite durable tout au long de notre carrière.

Inharmonie – Un trop grand contrôle de soi nous apporte rudesse et froideur, imposant une distance avec nos collaborateurs. Notre exigence surexploitée freine l'ascension des projets professionnels en équipe.

VERSEAU EN MAISON X

Harmonie – La liberté d'action et de décision nous offre les possibilités d'évolution adaptées à notre personnalité tout au long de notre carrière. Nous nous ouvrons avec curiosité aux horizons neufs et nous déracinons des anciens avec facilité. Notre investissement professionnel est de nature désintéressée, car nous tendons à l'extension de soi vers le collectif.

Inharmonie – Notre indépendance trop prononcée nous prive d'une place stable au sein d'une équipe. Nous pouvons tendre à un certain égoïsme en abusant d'une trop grande liberté qui fragilise notre crédibilité professionnelle.

POISSONS EN MAISON X

Harmonie – Nous devons recourir à nos intuitions pour bien vivre notre avancée professionnelle. Elles nous permettent de pouvoir suivre la voie la mieux adaptée à notre être véritable et donner ainsi le meilleur de nous-même pour notre carrière. Nous possédons de nombreuses ressources pour réussir la synthèse des expériences, reflet d'une grande force.

Inharmonie – Dans un milieu inadapté à notre sensibilité, nous avons tendance au repli sur soi jusqu'à une forme de soumission professionnelle désintégrant notre personnalité. Vulnérables et influençables, nous pouvons devenir malheureux dans notre environnement de travail.

MAISON XI

RAPPEL !

Actions créatives collectives et place que nous nous donnons dans un groupe.

BÉLIER EN MAISON XI

Harmonie – Notre énergie intense et passionnée entraîne dans notre mouvance tous ceux partageant les mêmes aspirations relatives aux actions collectives. En constant renouvellement, nous débordons de projets, d'idées fécondes et créatives pour la collectivité. Les relations de groupe sont aisées, empreintes de notre personnalité et reflètent un grand dynamisme.

Inharmonie – Un esprit de conquête trop prononcé, et à des fins personnelles, peut nous desservir au sein d'un groupe, jusqu'à ravager notre environnement relationnel.

TAUREAU EN MAISON XI

Harmonie – Le respect sous toutes ses formes pour la vie et les autres est empreint de patience et de sensibilité, nous octroyant une place de choix lors des actions collectives. Nos projets sociaux sont réalistes, concrets et solides. Par notre besoin de stabilité et d'affection, nous fidélisons nos amitiés.

Inharmonie – À trop prendre notre temps avant de s'engager dans l'action, du fait d'un attachement tenace à nos idées, nous pouvons nous retrouver socialement isolés des autres. La souffrance que cela engendre peut nous inciter à l'animosité et à la contestation.

GÉMEAUX EN MAISON XI

Harmonie – À partir de nos idées variées, nous créons et disposons notre parole au service du collectif. Notre intelligence vive invite à une compréhension rapide que nous mettons naturellement à disposition pour toute réalisation de projets communs. Nous évoluons aisément au sein des relations et des actions de groupe, en suivant les opportunités qui nous permettent de diffuser nos connaissances avec générosité.

Inharmonie – Une forme d'instabilité peut naître lorsque nous manquons de rigueur dans nos implications collectives. Nous nous éparpillons dans la formulation de nos idées et optons pour une observation critique plus que pertinente.

CANCER EN MAISON XI

Harmonie – Nous nous investissons aisément socialement, particulièrement lorsque les projets ou conceptions collectives touchent l'affectif. Nous nous engageons dans des relations non superficielles en exorcisant nos émotions par l'action.

Inharmonie – Dans une ambiance de groupe inadaptée à notre tempérament, nous pouvons devenir malheureux et nous cacher derrière des barrières émotionnelles. L'intégration aux groupes provoque alors chez nous timidité, tendances lunatiques et même une indifférence feinte.

LION EN MAISON XI

Harmonie – Nous dégageons une influence magnétique naturelle qui rayonne au sein des groupes et pour des projets dans lesquels nous nous engageons avec ferveur et volonté de concrétisation. Nous dynamisons toute action collective en la menant avec une grande générosité et créativité. Notre sens du raffinement s'accorde à notre énergie confiante et réalisatrice.

Inharmonie – Un engagement trop personnel dans les actions nous entraîne à chercher une reconnaissance sociale et les honneurs, plutôt qu'à engager une démarche désintéressée pour le bien de la société. Notre susceptibilité peut nous inciter à l'entêtement et au découragement.

VIERGE EN MAISON XI

Harmonie – Nous utilisons sans compter notre intelligence méthodique lorsque nous nous engageons dans les projets collectifs. Notre faculté d'analyse et notre sens critique, juste et précis, nous confèrent une place de qualité dans les réalisations d'objectifs sociaux, mais également au sein de nos relations amicales.

Inharmonie – Une difficulté à élargir notre pensée nous empêche d'accorder nos choix d'action aux circonstances ou aux décisions des autres. Incapables d'accéder à nos émotions lorsque nous nous trouvons au sein d'un collectif, nous nous enfermons dans des attitudes sèches et passives.

BALANCE EN MAISON XI

Harmonie – Nous impliquons toujours les autres dans nos projets, écartant notre empreinte personnelle, pour ainsi mieux les porter vers le collectif. Les relations de groupe sont harmonieuses, dans lesquelles nous insufflons respect et bon sens. Nous temporisons les éventuels conflits grâce à la douceur et la souplesse de notre raisonnement.

Inharmonie – Nous usons de techniques de manipulation sur les autres lorsque nous recherchons le profit plutôt que l'élévation des êtres et des projets engagés dans le monde collectif.

SCORPION EN MAISON XI

Harmonie – Nous cherchons à améliorer toute action collective en la reconstruisant en profondeur et en lui donnant un nouvel essor profitable à tous. Notre critique est franche, mais lucide. Grâce à notre force mentale et notre instinct puissant qui nous guide, nous éliminons facilement l'inadapté au sein de nos relations et de la société.

Inharmonie – Par crainte de confrontations avec les autres, nous dissimulons nos doutes et mécontentements en nous engouffrant dans une négativité portée d'angoisse. À contrario, en groupe nous pouvons rechercher les rapports de force, pour masquer notre manque de confiance en soi et en nos semblables.

SAGITTAIRE EN MAISON XI

Harmonie – Nous aspirons à des horizons nouveaux pour la société. Nous nous mettons au service de grands projets sociaux avec générosité, enthousiasme et compétence. L'intégration dans les groupes nous est aisée grâce à notre exaltation à transmettre nos connaissances et à les faire croître avec entrain dans les milieux amicaux et collectifs. Nous sommes un précieux ami et judicieux équipier.

Inharmonie – Une trop grande assurance liée à une surestimation de nos facultés peut nous entraîner à user et abuser de nos relations pour atteindre nos objectifs au sein de la société. Le manque d'humilité nous enferme dans des formes de vanité et d'étroitesse d'esprit.

CAPRICORNE EN MAISON XI

Harmonie – Nous collaborons efficacement et avec ambition à la concrétisation des projets collectifs. Nous mesurons et analysons judicieusement chaque donnée et respectons chaque élément associé afin d'assurer la réussite à long terme des actions pour la collectivité. L'amitié se veut solide et de qualité. Nous osons la sélection de notre entourage amical, mais auquel nous offrons dévouement et fidélité.

Inharmonie – L'exigence excessive dans le domaine du collectif peut nous amener à une froideur et un comportement peu liant au sein des groupes. Nous nous interdisons de libérer l'enfant qui en nous, par crainte de perdre le contrôle de nous-même en société.

VERSEAU EN MAISON XI

Harmonie – La recherche d'implication collective et d'amitié se veut vaste, car nous sommes curieux de développer toute nouveauté qui s'offre à nous. Avec originalité, nous distillons nos conseils, nos idées et visions quand nous entrons en collaboration avec d'autres, tout en conservant une certaine indépendance et en octroyant à chacun la liberté de créer. Très sociables, nous attirons à nous par notre charisme. Nous entraînons vers l'ère du collectif.

Inharmonie – Trop cérébraux, nous pouvons manquer d'implication du corps dans les actions collectives. Nous idéalisons le monde et perdons notre crédibilité dans la société où nous peinons alors à trouver notre place.

POISSONS EN MAISON XI

Harmonie – Les relations se créent par un ressenti commun relatif à la compréhension profonde de la vie. Les idées développées pour les projets collectifs proviennent d'une dimension intérieure que nous souhaitons porter à la lumière du monde de façon désintéressée.

Inharmonie – Les actions créatives portées au sein de la société peuvent manquer de structure si nous n'allions pas les ressources réelles à notre imaginaire. Notre grande sensibilité nous enlise dans une forme de soumission aux autres, étouffant notre expression dans les actions collectives.

MAISON XII

RAPPEL !

Saisir et synthétiser les expériences vécues pour cheminer vers le lâcher-prise, la compréhension de notre être véritable, la sagesse et la paix intérieure.

BÉLIER EN MAISON XII

Harmonie – Le dynamisme et l'élan de vie extériorisés par nos actions proviennent de notre source de vie intérieure, très personnelle. Celle-ci se renouvelle constamment en fonction des expériences précédemment vécues et que nous appréhendons avec un instinct efficace, nous invitant ainsi à nous accomplir dans le monde extérieur. Les situations éprouvantes peuvent nous stimuler grâce à une rapidité de réaction pour accéder de nouveau à notre bien-être intérieur.

Inharmonie – En cas d'épreuves trop douloureuses, notre force intérieure peut faiblir jusqu'à entraîner notre effondrement physique et psychique.

TAUREAU EN MAISON XII

Harmonie – En s'opposant à l'inertie qui pourrait nous habiter, nous accédons à nos propres racines avec endurance et persévérance, car nous ressentons au fond de nous un grand besoin de paix et d'harmonie, que nous souhaitons concrétiser et stabiliser.

Inharmonie – La patience et la résistance, que nous possédons naturellement, peuvent nous disposer à subir les épreuves difficiles plutôt que de chercher à nous en libérer.

GÉMEAUX EN MAISON XII

Harmonie – Grâce à une intelligence perspicace et une adaptabilité rapide, nous entrevoyons les évolutions et mobilités adéquates à notre cheminement intérieur. Les épreuves relatives à l'élévation de soi sont comprises et assumées avec une certaine aisance. En nous connectant à nos émotions, nous accédons à diverses formes de communication avec notre être intérieur.

Inharmonie – La dualité ressentie en soi peut causer une instabilité génératrice d'anxiété. Une vie intérieure trop intellectualisée nous tiraille entre vouloir conserver l'ordre actuel et évoluer vers un autre niveau d'accomplissement.

CANCER EN MAISON XII

Harmonie – Nous ressentons profondément nos émotions et les utilisons pour évaluer avec justesse et lucidité les difficultés liées à l'évolution de notre conscience. Nous avons une forte aptitude à sentir et intégrer à notre conscience la synthèse de nos expériences de vie, ce qui permet de mieux vivre et de nous porter vers l'épanouissement de notre être intérieur.

Inharmonie – Suite aux mauvaises expériences passées, les conflits intérieurs peuvent rester profondément enfouis et ancrés. Nous peinerons à lâcher la protection de nos acquis par crainte de dévoiler trop de notre sensibilité. Nous préférons nous enfermer dans la solitude, voire l'isolement, plutôt que de nous en servir pour nous accomplir.

LION EN MAISON XII

Harmonie – L'évolution intérieure est rayonnante lorsque nous nous engageons passionnément dans cette quête. Nous allons créer avec assurance tout accomplissement nous menant vers la sagesse et la paix intérieure, et en assumer toutes les responsabilités qui y sont liées.

Inharmonie – Sans combativité face aux épreuves de compréhension de la vie et de nos expériences, nous nous armons d'amour-propre et renonçons à avancer plutôt que d'accepter un éventuel échec dans nos démarches vers l'épanouissement.

VIERGE EN MAISON XII

Harmonie – La mise en conscience de nos instincts se fait dans ce secteur de vie. Nous rassemblons de façon analytique tous les éléments de notre existence nous permettant d'élever notre conscience vers des aspirations supérieures et concrètes.

Inharmonie – En bloquant l'accès à notre sensibilité, nous passons par la maladie pour épurer ce qui bloque dans l'inconscient. Nous ralentissons à l'idée de dépasser nos propres limites et principes, limitant alors l'épanouissement de notre être.

BALANCE EN MAISON XII

Harmonie – Le désir d'harmonie et de paix intérieure est inscrit au fond de l'être. Nous nous appliquons, avec grande maturité et douceur, à équilibrer le corps avec l'esprit. La sérénité que nous avons consolidée en nous au fil des expériences amène notre accomplissement à un bel automne de notre vie.

Inharmonie – La difficulté à vivre l'affectif est compensée par un excès d'acquisitions intellectuelles et matérielles. L'élévation de notre conscience se trouve alors freinée par ce superflu que nous entretenons par conformisme ou par paresse face aux changements.

SCORPION EN MAISON XII

Harmonie – C'est par des mutations profondes rencontrées tout au long de l'existence que nous accédons régulièrement à des phases d'épanouissement de notre être intérieur. Nous détenons cette capacité à régénérer toute expérience de vie en la portant à la lumière et en l'éclairant à la compréhension de ce qui nous est essentiel.

Inharmonie – La construction de défenses face à la vérité des choses empêche l'évolution de notre être profond. La maladie chronique, voire aigüe, peut signaler ces obstacles intérieurs qu'il faut éliminer pour éviter l'intoxication profonde ou la dépression.

SAGITTAIRE EN MAISON XII

Harmonie – La volonté de réalisation de nos aspirations profondes nous pousse à nous dépasser, à chercher quelque chose de plus grand à faire naître en soi. Nous élargissons notre champ de conscience par toute forme de nouveauté afin d'accéder à l'accomplissement de notre être intérieur. La cohérence de nos pensées et notre esprit synthétique nous permettent une évolution judicieuse à partir de nos expériences passées.

Inharmonie – Les leçons de vie mal comprises nous procurent un excès de confiance qui nous pousse à surestimer nos capacités à atteindre de nouveaux stades d'évolution pour notre être véritable. La fierté empêche le lâcher-prise sur les épreuves que nous rencontrons dans la vie.

CAPRICORNE EN MAISON XII

Harmonie – Les épreuves de la vie nous permettent d'accéder à l'épanouissement de notre sérénité intérieure grâce à une grande intelligence, aigüe et rigoureuse, tirant le meilleur des situations rencontrées. Nous savons extraire ce dont nous avons besoin pour produire une excellente compréhension de nous-même et atteindre la paix de notre être.

Inharmonie – Si notre énergie est mal utilisée, car focalisée sur le contrôle de tout ce qui a été, est et sera, alors nous peinerons à gagner en sérénité intérieure. Nous nous enfermons dans notre mental qui génère des angoisses immobilisant la libération de notre être profond.

VERSEAU EN MAISON XII

Harmonie – Nous détenons la capacité à lâcher prise sur toutes les conceptions pouvant freiner l'accomplissement de notre vie intérieure, le renouvellement de nos croyances et valeurs, l'innovation pour atteindre la maturité de notre être. L'indépendance est de mise pour réussir l'extension de notre être et la progression de notre conscience suite à la compréhension de nos expériences de vie.

Inharmonie – Une trop grande liberté d'esprit nous éparpille et nous limite à une compréhension simpliste des difficultés rencontrées au cours de notre existence. Nous peinons à rassembler les forces pouvant nous conduire vers la sagesse universelle.

POISSONS EN MAISON XII

Harmonie – Grâce à notre compréhension intuitive puissante, nous nous sentons reliés au monde et à l'univers. Nous avons conscience de notre vie jusqu'au plus profond de notre être et entrons dans une dimension d'amour compassionnel qui nous procure une grande sérénité intérieure.

Inharmonie – Si nous ne fusionnons pas nos ressources intellectuelles avec notre intelligence intuitive en une expérience unique, une forme de marginalité nous isole et nous rend vulnérables. La vie intérieure se pare alors de souffrance.

En vous laissant porter par votre intuition, les mots les plus appropriés au thème étudié se révéleront à vous.

1
2
3
4
5
6
7
8
LEÇON 9
10

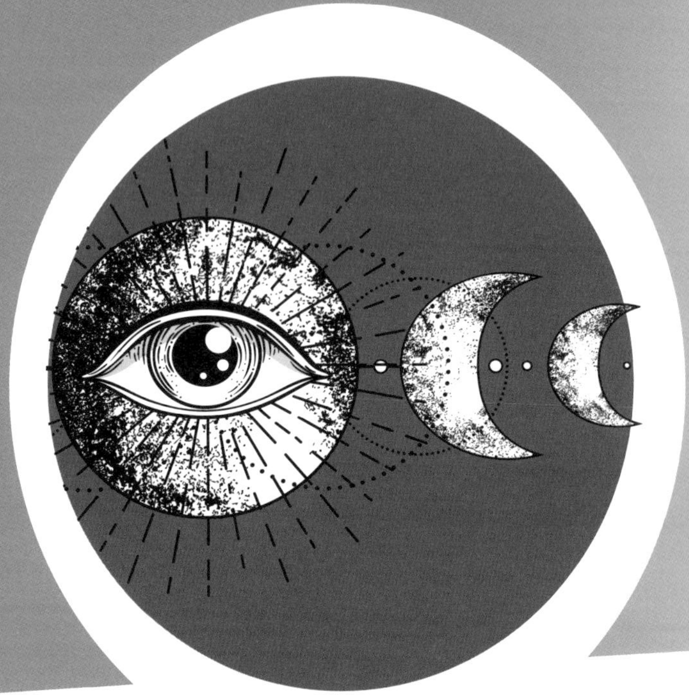

Pour aller plus loin

Aller plus loin : les aspects

Dans un thème astral, nous trouvons également des liens entre les planètes, appelés Aspects, qui indiquent les associations planétaires susceptibles d'élever davantage certains potentiels.
Les aspects se tracent au centre de la roue zodiacale et connectent les planètes entre elles. Comme une toile d'araignée qui tisse un véritable soutien porteur d'élévation et de créativité.
Ils sont définis grâce à certains degrés spécifiques existant entre deux planètes.
Une planète peut ne pas avoir d'aspects. Elle déploie alors son énergie sans contraintes autres que les siennes ou sans attributs supplémentaires.

LE + AVEC LES ASPECTS

Les aspects renseignent sur les énergies harmonisant ou freinant l'équilibre au sein du thème.

REPRÉSENTATION DES ASPECTS

Dans cet ouvrage sont abordés les 6 aspects principaux. Pour tracer ces liens, nous utilisons un rapporteur.

La conjonction : Deux ou plusieurs planètes se situent à moins de 10° l'une de l'autre. Leurs énergies associées nous octroient le déploiement maximal de leurs caractéristiques.
Nous ne représentons pas cet aspect sur la roue, la proximité des planètes suffit à le symboliser.

Le Sextil : Les deux planètes sont espacées de 60°. Leurs énergies se complètent pour favoriser et faciliter les réalisations avec un effort moindre.

—	**Symbole graphique**
60°	**Degrés entre les 2 planètes (+ ou - 4°)**

Le Carré : 90° se trouvent entre deux planètes. Les énergies indiquent les obstacles, les freins, que nous pouvons ressentir face à certaines expériences de vie.
Cet aspect n'est pas nécessairement vécu en contrainte. En effet, nous pouvons avoir déjà transformé les blocages ou ne pas les vivre comme tels.

—	**Symbole graphique**
90°	**Degrés entre les 2 planètes (+ ou - 7°)**

Le Trigone : Une distance de 120° sépare les deux planètes. L'association des énergies planétaires permet un ressenti d'équilibre et de bénéfice.

—	**Symbole graphique**
120°	**Degrés entre les 2 planètes (+ ou - 8°)**

Le Quinconce : situées à 150° l'une de l'autre, les deux planètes assemblent des énergies de doute, de rumination, de conflits intérieurs.

----	**Symbole graphique**
150°	**Degrés entre les 2 planètes (+ ou - 3°)**

L'Opposition : les 180° entre les deux planètes renseignent sur les faiblesses, les malaises et les frustrations ressentis. Cela permet de voir comment abandonner une situation au profit d'une autre, plus salutaire et enrichissante.

----	**Symbole graphique**
180°	**Degrés entre les 2 planètes (+ ou - 9°)**

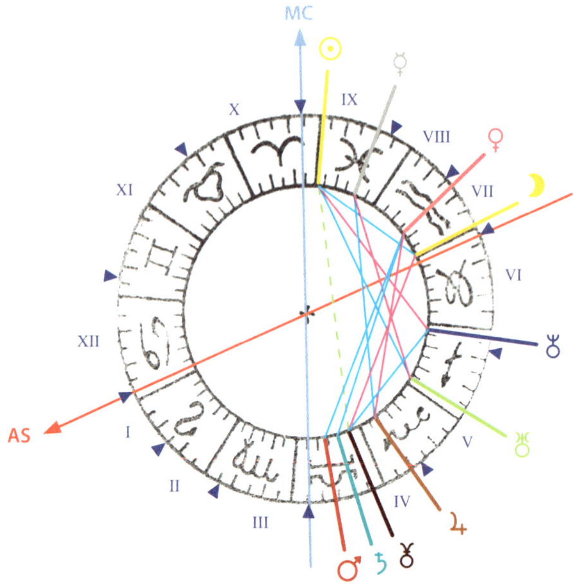

INTERPRÉTATION DES ASPECTS

En partant du thème-exemple, interprétons 2 aspects, ou association planétaire, afin de mieux comprendre leur utilité. Avec l'aide de notre intuition, nous fusionnons les caractéristiques de chacune des planètes déployées dans leur maison respective.

SOLEIL EN MAISON IX AVEC NEPTUNE EN MAISON VI

Cet aspect est signifié de nature Carré. Il permet de comprendre les éventuelles contraintes rencontrées dans la vie quotidienne ou les difficultés à prendre soin de nous et des autres. Cette compréhension nous permet de franchir de nouvelles étapes de croissance, de savoir comment relancer notre créativité, ou de nous délester de ce qui ne correspond plus à nos aspirations.

Pour dépasser les aspects freinant notre développement, nous pouvons les comprendre pour ainsi agir directement sur les comportements, les croyances, les aptitudes qui rencontrent une résistance.

Lorsque le thème présente cette possibilité, il est également possible de débloquer un aspect à 90° en cheminant par des aspects à 60° ou 120° afin d'utiliser les valeurs d'une troisième planète. Grâce à elle, nous pourrons résoudre le Carré avec plus d'aisance.

Si les nouveaux concepts intégrés par la personne de ce thème sont mal compris ou exagérés dans leur utilisation au quotidien, elle risque de se perdre entre multiples modes de pensée. La relation avec son inconscient est basée sur une communication extraordinaire avec l'au-delà du monde matériel. Cependant, si elle ne crée pas le lien entre l'esprit et le corps, ou si elle ne cherche pas à dépasser ses premières conceptions de la vie, il lui sera difficile de purifier les situations handicapantes du quotidien ou les déséquilibres de santé.

Afin de résoudre cet aspect et développer de puissantes forces de guérison pour elle-même, autrui ou facilitant la dissolution des rigidités rencontrées au quotidien, la personne doit étendre son intelligence, de la vie et du monde, à de nouvelles conceptions qui vitaliseront chacune de ses actions relatives à sa vie matérielle. Ainsi, elle se portera vers un idéal de vie supérieur, détachée de l'ego, centré sur la compassion pour tout accompagnement relatif à la santé.

VÉNUS EN MAISON VII AVEC SATURNE EN MAISON IV

Cet aspect est signifié de nature Trigone. Grâce à cet aspect, nous ressentons un bon équilibre à mener nos unions diverses. Elles sont soutenues par la bonne stabilité de nos valeurs personnelles.

Pour la personne du thème-exemple, ses relations à l'autre tiennent une place significative et bien ancrée dans son existence. Le sérieux, la fidélité et la recherche constante d'harmonie élèvent chacune de ses relations. Elle accorde un grand respect à l'autre et manifeste le désir de perfectionner régulièrement le lien en développant et améliorant ses propres bases personnelles. L'affection pour l'autre comme pour elle-même accompagne sa grande maturité qui lui permet de stabiliser avec justesse, chaque nouvelle valeur personnelle aux vertus élévatrices pour la relation et chacune des 2 personnes.
Les bénéfices du Trigone peuvent être altérés si la personne restreint, avec une rigidité excessive, ses valeurs personnelles au simple entretien des traditions familiales ou sociétales. La relation à l'autre manquera de croissance du fait de choix fermes qui figent alors l'union dans un cadre appauvri de sentiments élévateurs. Déceptions, bassesses, jalousies entraînent la relation, voire les êtres impliqués, à la destruction.

Aller plus loin : comprendre les maux du corps

Il est possible de comprendre la présence de certaines maladies, de certains maux physiques ou d'une fragilité du corps par la lecture du thème astral de naissance. En effet, un mal-être psychologique non conscientisé, ou mis en lumière, mais pas encore transformé positivement, peut être retranscrit par notre corps. Lorsque nous bloquons dans l'ombre certaines blessures ou peurs, notre corps active un signal d'alarme que nous ne pouvons alors ignorer. Il est alors temps de mettre en lumière ces ombres qui demandent à être entendues, réparées, transformées.

Chaque signe astrologique se rapporte à une partie du corps. Certains maux, inconforts ou maladies sont expliqués lorsque le thème présente un amas de planètes dans un signe, un secteur de vie dans lequel nous peinons à nous exprimer, un ascendant en désaccord avec notre pensée.
Évidemment, les découvertes astrologiques se couplent avec les antécédents de la personne, son contexte familial et personnel, et ses expériences de vie. Ainsi, la compréhension globale oriente vers le meilleur chemin de la guérison en mettant en lumière les blocages émotionnels, les peurs, les blessures coincées dans les interstices de notre inconscient, et donc de notre corps.

Chaque région du corps physique est relative à un signe astrologique.

Bélier	Yeux, tête, cerveau
Taureau	Gorge, cou, nuque, larynx
Gémeaux	Bras, poumons, système nerveux
Cancer	Liquides qui circulent dans le corps, digestion, estomac
Lion	Coeur, moëlle épinière, poumons (dans certaines circonstances)
Vierge	Intestins
Balance	Reins et leur fonctionnement
Scorpion	Organes génitaux
Sagittaire	Foie, vésicule, cuisses
Capricorne	Les os, dentition
Verseau	Chevilles, circulation sanguine dans les jambes
Poissons	Pieds

EXEMPLES D'INTERPRÉTATION

Une fragilité de la cheville, visible par la récurrence d'entorse, demande de porter un intérêt particulier au signe du Verseau (éventuellement celui du Capricorne si cette fragilité se reporte sur d'autres parties osseuses du corps). Nous observerons si une ou des planètes peinent à diffuser leurs énergies dans ce signe. Également, le secteur de vie dans lequel est positionné ce signe

peut orienter sur les difficultés d'expression de certains potentiels.
Si le signe du Verseau se positionne dans la maison X, relative à la vie professionnelle, nous ciblerons l'interprétation sur la difficulté à faire vivre l'indépendance au milieu d'une équipe. La pensée trop personnelle empêche de s'ouvrir à une intégration stable ainsi qu'à de nouveaux concepts. L'évolution de carrière est de ce fait ralentie, mais sans en comprendre les raisons. Par le biais de la fragilité de la cheville, le corps appelle alors à freiner l'élan personnel pour se tourner vers l'air collectif dans le milieu professionnel. En effet, en Verseau, nous voulons parfois aller trop vite et construire à notre image.

Autre exemple, un thème qui présente 4 planètes en Cancer, dont les capacités de chacune se voient ralenties, peut alors révéler des troubles digestifs. Nous évaluerons chaque planète pour découvrir quel potentiel peine à s'exprimer dans ce signe, et ainsi le redresser. Il est également important de repérer le secteur de vie dans lequel se situe le signe du Cancer de façon à résoudre au plus proche les blocages des planètes. En effet, si Uranus peine à renouveler la créativité émotionnelle au sein du couple, nous ne chercherons pas les mêmes perspectives de redressement vers l'harmonie que si Uranus peinait à renouveler la créativité émotionnelle dans la façon d'apprendre de nouvelles connaissances.
La difficulté à libérer l'émotivité et l'imagination à travers les idées permettant une modernisation entraîne des agitations intérieures non formulées qui, au fil du temps, se répercutent sur le système digestif.

Grâce au thème astral, nous comprenons les déséquilibres physiques et pouvons les rétablir en passant de l'ombre à la lumière les blocages relatifs.

Aller plus loin : le noeud nord – Ω

Le noeud nord, ou chemin de vie, présent dans le thème astral, indique le développement global que nous pouvons suivre au cours de notre existence afin de nous orienter vers le juste équilibre de notre être intérieur.
À travers cet axe, nous comprenons dans quelle condition notre existence débute et vers quelle perspective nous pouvons nous diriger pour vivre notre nature profonde en accord avec le monde extérieur et les expériences qu'il nous propose.

Le chemin de vie s'interprète à partir de notions un peu différentes, non traitées dans cet ouvrage, mais qui s'appuient sur les données relatives au signe et au secteur de vie dans lesquels il passe.

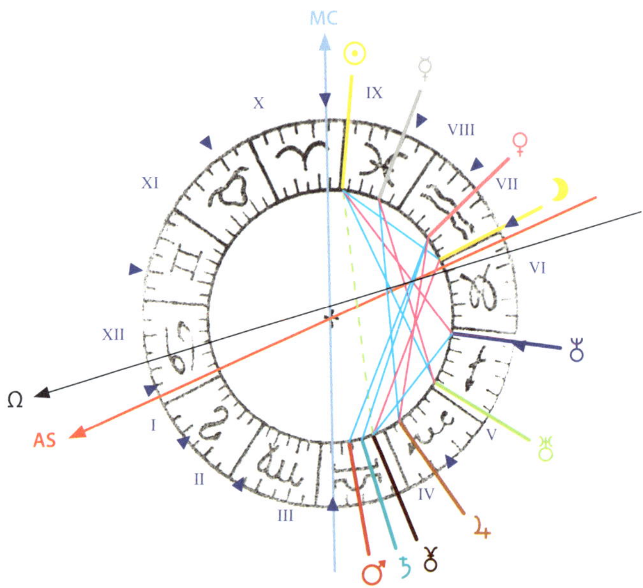

INTERPRÉTATION DU NOEUD NORD : EXEMPLE POUR MIEUX COMPRENDRE SON RÔLE

À SAVOIR

Ce passage d'un état de conscience à un autre peut se produire à tout moment de notre vie ou bien progressivement.
Il est possible également qu'il ne se présente pas, pour autant nous ne ressentons pas forcément notre existence en déséquilibre.

Le chemin de vie de la personne, présenté dans le thème-exemple, prend son origine dans le signe du Capricorne en maison VI puis se renouvelle lors de son passage dans le signe du Cancer en maison XII.

Ce chemin annonce une première ambition de vie de prendre toutes les responsabilités à sa charge, comme un besoin d'agir, un besoin de se rendre utile, voire de plaire. Beaucoup de rigueur et de productivité sont engagées pour remplir des obligations que la personne se fixe, jusqu'à parfois la servitude envers les autres ou envers la responsabilité en elle-même. Une grande maturité l'incite à pourvoir à tout, dans tous les domaines et cela avec une utilisation précieuse et totale du temps.
En effet, très actif, la personne laisse peu de place au repos, car elle redoute l'inactivité. Elle donne un sens à sa vie avec cette mission de grande activité et de lourdes charges, persuadée que sa présence, forte et structurée, place sa personne auprès des autres. Elle développe la peur de n'être rien, pour elle ou pour autrui, si elle ne fait rien d'utile.

Dans ce thème-exemple, le passage vers le noeud nord peut se ressentir par une frustration du manque de reconnaissance,

de repos, ou par une lourdeur qui s'intensifie. Cet acharnement à oeuvrer n'apporte finalement aucune douce récompense et la fatigue, liée aux responsabilités, essouffle la personne.
Sa santé physique et psychologique peut en pâtir. Quelque chose lâche en elle et elle comprend progressivement que personne n'attend véritablement autant d'elle.

La personne entre alors doucement dans une détente naturelle grâce à un relâchement de l'activité et de la pression face à ces responsabilités. Sans entrer dans la passivité ou l'insouciance, elle découvre la spontanéité et le mouvement de l'énergie de la vie. Ces nouvelles expériences lui apprennent qu'elle peut se sentir vivante sans ce besoin d'agir si ardemment et que rien ne s'écroule pour autant. Une confiance en la vie s'installe petit à petit, l'inquiétude et la rigidité font place à la méditation et le silence intérieur.
La répétition de ces expériences change peu à peu le caractère de la personne qui ressent la vie couler en elle. Elle ne peut ni le montrer, ni le démontrer, mais cette sensation lui apporte le sentiment d'exister tout en se détachant du besoin compulsif de faire pour être.

Aller plus loin : la révolution solaire

La révolution solaire correspond à notre carte du ciel pour l'année en cours, débutant à la date d'anniversaire. Elle permet de connaître quels potentiels développés mettre en avant, et dans quels domaines, pour enrichir et élever les expériences que nous propose l'année qui se présente.
Pour connaître notre thème annuel, remplacer l'année de naissance par l'année en cours dans nos coordonnées de naissance.
Cette interprétation ne remplace pas celle de notre thème de naissance qui reste la référence sur notre nature profonde.

Aller plus loin : la comparaison de thèmes

Nous comparons deux thèmes lorsque nous souhaitons connaître les terrains d'entente entre deux personnes (conjoints, partenaires de travail, parent-enfant, frère-soeur...) ainsi que les facultés stimulant et valorisant le développement de chacun.
Nous comprenons ainsi les freins qui contraignent une relation ou les affinités permettant la réussite tant individuelle que relationnelle.

ASTUCE

À la lumière vive, superposer les signes à l'identique des deux roues zodiacales.

La superposition des deux thèmes nous permet d'observer, dans les secteurs de vie du deuxième thème, la position des planètes du premier thème. Et inversement.

EXEMPLE SIMPLIFIÉ

Thème 1: Soleil en Poissons, maison IX
Sagittaire placé en maison V
Thème 2: Soleil en Sagittaire, maison I
Poissons placé en maison IV

Le natif 1 vivifie les valeurs personnelles du natif 2 pour aider à les faire rayonner au sein du foyer familial ou intérieur.
Le natif 2 élève la capacité à créer du natif 1 avec enthousiasme, confiance en la vie et passion.

À VOUS DE JOUER !

Ci-après sont mis à disposition des roues zodiacales vierges à découper ou photocopier.

Prenez plaisir à monter un thème et laissez-vous porter par les fabuleuses découvertes qu'il vous révèle...

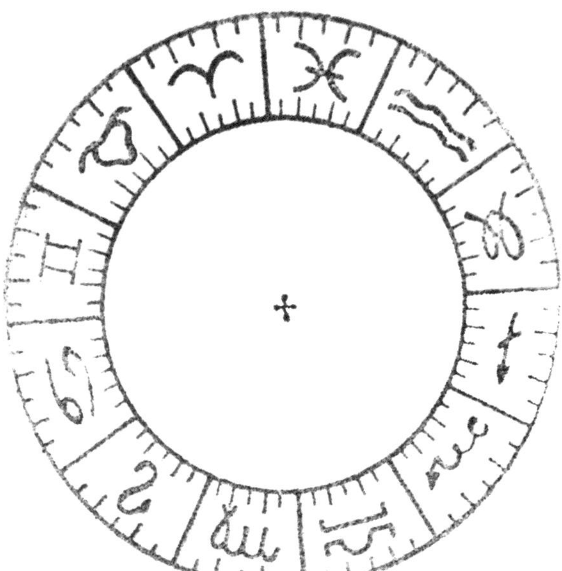

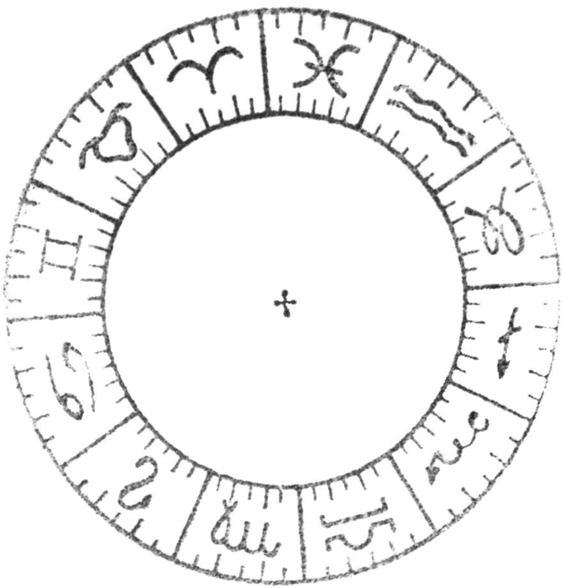

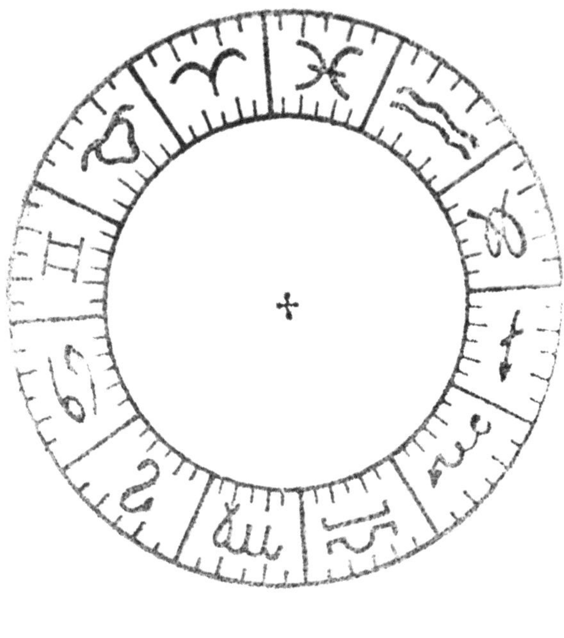

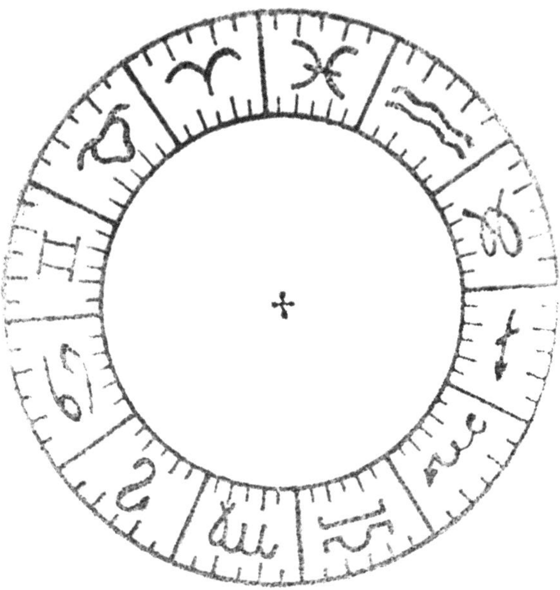

TABLE DES MATIÈRES